是否認はここで分かれる！

税務調査の立証方法

四方田 彰／編著

小野木 賢司・髙木 良昌・谷口 智紀・角田 敬子・
茂垣 志乙里・山本 直毅・横井 里保／著

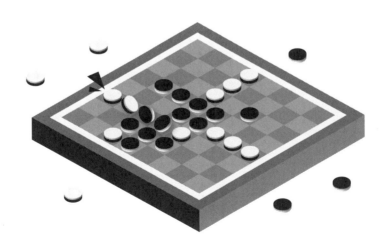

ぎょうせい

推薦の言葉

　納税者の納税環境はデジタル化やChatGPT等AIの普及により劇的に変革した。税法の専門家である税理士に求められる能力は、単に申告書を作成して税務申告を代理するという旧来のものから、税法の解釈適用に係る法的判断能力に変貌しつつある。税理士の善管注意義務の水準も大きく変容している。

　ところで税務調査は課税処分を目的とした調査であることが、クローズアップされているから、取消訴訟を前提にする証拠の収集が税務調査の主たる眼目となる。課税要件事実の認定がいかなる証拠によりなされたのかが税務調査では争点となる。まさに税理士の税務調査対応の成否は、申告の適法性の立証能力により左右されるという時代が到来しているといって過言ではない。

　近年の税理士の職務には税務調査に耐える立証方法を射程に入れたリーガルマインドの醸成が求められているのである。

　本書は書名があらわすように、「税務調査の立証方法」を有益な紛争事例を素材に解説されており、税理士の職務に対する時代の要請にこたえる有用な書物といえよう。

　本書で取り上げられている判例・裁決例は、令和年間の最新の事例のみが取り上げられ、単に一つの裁判例・裁決例だけでなく類似した事例をQ&Aとして取り上げることで、やや難解な事例であっても理解しやすい構成となっている。

　また、税務調査の実際の場面で争点となる事項について、いかに立証すべきか、この点に意を用いて解説が加えられている。この点はまさに本書の優れた点といえよう。

　さらに、事例ごとの「立証のポイント・注意点」は、各執筆者が特に力を入れて解説を加えている。

　本書の執筆者は、租税裁判例について十分に研究を重ねた租税判例研

究のエキスパートである。本書は税務調査の争点について判例研究に裏打ちされた立証方法のポイントを解説した解説書として税務調査のバイブル的な価値を有するものと評価する。

　筆者は、税理士等の税法の実務家の皆さんに本書を一読することを強く推薦したい。

専修大学教授・弁護士

増田　英敏

はしがき

　本書は、旬刊『速報税理』の「税務の判断力」と「新・税務の判断力」を単行本化に合わせて再編集したものである。旬刊『速報税理』での連載は、2014年8月から始まり10年を経過した現在も継続中である。また、本書の執筆メンバーは、税理士だけではなく大学の研究者も参加しており、研究者の視点からも検討を加えることで、精緻な検討が加えられている。

　本書の構成については、CASE & Answerでの設例を通して、税務の判断を行う際に迷いがちな点を、税務における判断の「分かれ目」という視点を通じて分かりやすく解説を行っている。また、各事例に関連した判例・裁決例等を取り上げることで、判例・裁決例の動向にも触れることができる点に特長がある。本書の各事例は、令和以降の最新の判例・裁決例に絞って掲載しているため、裁判所や国税不服審判所における判断の傾向をつかむために有益である点を指摘しておきたい。

　また、税務調査が実施された際に、事例ごとの「立証のポイント・注意点」を確認することで、税務調査の際に反証可能かどうか予め確認をすることができる。もちろん、税務調査において本書掲載の事例と同一内容について必ずしも指摘されるとは限らないが、類似する事例が争点になった際には大いに参考になるものと推察する。

　いずれにしても、本書を通じて多くの実務家、研究者等の一助となれば幸いである。

　本書の執筆メンバーは、当初4名の各月連載でスタートしたが、現在は旬刊の各号に計8名で連載を行っている。執筆メンバーは、税理士の林 仲宣先生、専修大学法学部教授の増田 英敏先生のいずれかの先生の指導を受けた者で構成されている。現執筆メンバーとのご縁を頂いた両先生にはこの場を借りて御礼を申し上げたい。

最後に、本書の掲載元となった旬刊『速報税理』「税務の判断力」の企画から携わって頂いた株式会社ぎょうせいシニア・エディターの松本秋夫様、本書の企画から出版に至るまでお骨折り頂いた同社出版事業部の米奥 典仁様、松木 紀子様、酒井 亮圭様には、改めて感謝を申し上げる次第である。

2024年10月
執筆者を代表して
四方田　彰

Contents

推薦の言葉
はしがき

第1章 所得税法

1 納税義務者の範囲 ―居住者と非居住者の接点― ……………… 2

2 非課税所得の範囲
　―課税所得と非課税所得となる損害賠償金の接点― ………… 6

3 後発的事由による更正の請求の範囲
　―訴訟上の和解と課税所得の接点― ……………………… 11

4 事業所得の範囲 ―損益通算と雑所得の接点― ………………… 16

5 事業所得と給与所得、雑所得との接点（医業）……………… 21

6 医師と画家の二刀流 ―事業所得と雑所得の接点― ………… 25

7 課税所得の人的帰属 ―不動産所得と納税義務者の接点― …… 30

8 一時所得の範囲
　―譲受した貸付金債権の回収差益と所得区分の接点― ……… 35

9 他者が所有する車の撤去費用と家事費との接点 ……………… 40

10 資格取得費と家事関連費との接点 …………………………… 44

11 ひとり親控除の範囲 ― 寡婦控除とひとり親控除の接点― ……… 49

12 ふるさと納税 ―返礼品の調達価格と処分見込相当額の接点― …… 54

13 資産の譲渡と取得費の控除
　―生活に通常必要な資産と必要でない資産の接点― ………… 59

14 相続した借地権設定土地の譲渡
　―借地権譲渡と取得費加算の特例との接点― ………………… 64

15 投資一任契約による資産運用
　―外貨の交換と為替差損益の接点― ………………………… 68

vii

第2章 法人税法

16 リベートと所得の帰属との接点 ……………………… 74

17 売上原価と寄附金の接点 ……………………………… 78

18 売上原価の範囲
　　―電子マネーの購入対価と売上原価との接点― ……… 83

19 現金仕入れと架空仕入れの接点 ……………………… 87

20 役員給与　―宿直手当等と定期同額給与の接点― …… 92

21 役員退職給与の損金不算入
　　―みなし役員と退職事実の有無の接点― …………… 96

22 私的流用による給与認定と交際費との接点 ………… 100

23 自己発行ポイントと販売促進費との接点 …………… 105

24 帳簿記載とは異なる領収書と損金算入との接点 …… 109

25 中古機械設備の簡便法適用の有無
　　―中古資産の耐用年数の接点― ……………………… 114

26 青色申告
　　―税理士による申告書の提出失念と青色申告の承認取消しの接点―
　　……………………………………………………………… 119

27 みなし配当規定における資本の払戻しの範囲
　　―利益剰余金の配当と資本剰余金の配当の接点― …… 123

第3章 消費税法

28 課税標準 ―土地と建物の「価額」の接点― ……………………… 130

29 課税仕入れの範囲 ―国内取引と国外取引との接点― …………… 134

30 課税仕入れ該当性をめぐる外注費と給与の接点 ………………… 139

31 立退料の「資産の譲渡等」該当性
　―契約上の地位の消滅と移転の接点― ……………………………… 144

32 仕入税額控除 ―帳簿等と請求書等の保存期間との接点― ……… 148

33 仕入税額控除の可否
　―出品サービス料と役務の提供が行われた場所の接点― ………… 152

34 賃貸用マンションの転売事業
　―課税対応課税仕入れと共通対応課税仕入れの接点― …………… 156

35 給与と外注費の接点（運輸業）…………………………………… 161

36 届出書の有効性と送付される申告書の接点 ……………………… 165

37 簡易課税の適用業種 ―第四種と第五種の接点― ……………… 169

第4章 相続税法

38 通達評価と鑑定評価の接点 ……………………………………… 174

39 相続財産の種類の判定
　―売買契約の合意解除と相続財産の接点― ……………………… 179

40 生前贈与と相続財産の接点 ―名義預金― ……………………… 184

41 みなし贈与課税と名義預金の接点 ……………………………… 188

42 「生計を一にしていた」の要件
　―小規模宅地等の特例と生計一要件の接点― …………………… 192

ix

第5章 国税徴収法・国税通則法・税理士法ほか

- 43 譲受財産と差押債権との接点 …………………………… 198
- 44 債務免除に伴う第二次納税義務
  ―過払金と第二次納税義務の接点― ………………… 202
- 45 重加算税の賦課 ―コンサルタント業務契約と仮装行為の接点― … 206
- 46 税理士同士での相談と懲戒処分との接点 ………………… 210
- 47 税務調査受任義務の範囲
  ―帳簿の不提示と税理士の善管注意義務の接点― …… 214
- 48 領収書の印紙 ―課税・非課税の接点― ………………… 218
- 49 不動産取得税における宅地の評価
  ―共有物の分割と持分超過部分の接点― ……………… 222
- 50 固定資産税の非課税の範囲
  ―山門一体型建物と境内地の接点― …………………… 226

―――――― 凡　例 ――――――

1．法令及び通達の略語は、次によります。

所法 ── 所得税法	消法 ── 消費税法
所令 ── 所得税法施行令	消令 ── 消費税法施行令
所規 ── 所得税法施行規則	消基通 - 消費税法基本通達
所基通 - 所得税基本通達	相法 ── 相続税法
法法 ── 法人税法	地法 ── 地方税法
法令 ── 法人税法施行令	通法 ── 国税通則法
法基通 - 法人税基本通達	通令 ── 国税通則法施行令

2．令和6年10月1日現在の法令及び通達に基づき作成しています。

第 1 章

所得税法

I 納税義務者の範囲 ―居住者と非居住者の接点―

CASE

　私は、日本国籍を有する者で、日本国内に本店のあるＸ社の代表取締役をしており、Ｘ社から報酬を得ています。また、Ｘ社の海外展開のためにＡ国で設立されたＹ社からも報酬を得ています。

　現在は、東京都内に所有するマンションに居住し、住民登録をしておりますが、仕事上Ａ国に行くことも多いため、Ａ国で永住許可を取って、いずれはＡ国に所有する住居に居住する予定です。今後、私はどのような取扱いになるのでしょうか。

=== ここが分かれ目 ～判断のポイント～ ===

　所得税法上の「居住者」の判定をめぐる問題である。居住者か非居住者かにより、課税所得の範囲や税負担に大きく影響するため、居住者と非居住者の区分をめぐる税務トラブルは少なくない。

A

　状況によって取扱いが異なってきますが、例えば、Ａ国の国籍やＡ国への永住許可を取られる場合や生計を一にする配偶者やその他親族も同伴されてＡ国で引き続き１年以上居住しなければならないことが明らかな場合で生活の本拠がＡ国と認められる場合には、出国される日から非居住者として取り扱われ、日本国内で生じた所得のみが課税所得の範囲となります。

第1章　所得税法

解　説

1．「住所」判定の重要性

　グローバル化で海外が身近になった昨今、海外移住者や海外移住を検討している人が年々増え続けている。

　所得税法上、居住者とは、「国内に住所を有し、又は現在まで引き続いて1年以上居所を有する個人」をいい（所法2①三）、個人の納税義務者は「居住者」か「非居住者」かに該当するかにより、課税所得の範囲が異なる。このようなことから、納税義務者の「住所」の判定が極めて重要となる。

2．税法における「住所」の概念

　この税法における「住所」の概念については、先行事例としていわゆる「武富士事件」（最判平成23年2月18日：TAINS・Z261－11619）があるが、同様の争点で類似する事例として、海外法人で実質経営者として活動していた納税者でも生活の本拠は日本であるから居住者に該当すると判断された裁判例がある（東京地判令和3年11月25日）。

　裁判所は、所得税法2条1項3号の「住所」とは、民法22条の定める「住所」と同様に「各人の生活の本拠」をいい、生活の本拠、すなわち、その者の生活に最も関係の深い一般的生活、全生活の中心を指すものであり、客観的に生活の本拠たる実体を具備しているか否かにより決めるべきだとしたうえで、その具体的な判断にあたっては、①滞在日数、②住居、③生計を一にする配偶者その他の親族の居所、④職業、⑤資産の所在等の事情を総合的に考慮すべきであるとした。

　また、事業所得者や給与所得者が複数の国で経済活動をしている場合、又は複数の国で役員となっている場合は、職業が重要な基準となり、経済的活動の中心が所在する場所によって生活の本拠を判定すべきとする納税者の主張については、特段職業を重視すべき理由はなく、滞在日数等の他の要素とともに総合して考慮すべき一要素に過ぎないとした。

3

納税者は、昭和17年生まれで日本国籍を有し、納税者とその妻もＹ県にある住宅に居住し、その地に住民登録をしている。また、法人設立時から健康器具販売のネットワークビジネスを業とする内国法人Ａ社の代表取締役を務め、同じく取締役である妻とともに全株式を保有している。同社は、日本法人Ｂ社の販売代理店であるが、納税者はＢ社の海外展開のために設立された台湾法人Ｂ社及びシンガポール法人Ｂ社の取締役に就任するとともに、両社の株式の一部を保有し、両社から役員報酬を得ている。納税者の資産は、主に預貯金等で、国内よりも圧倒的に国外が多い。

　納税者の係争年分における滞在日数については、台湾は毎年80日程度、シンガポールは毎年30日程度、日本は毎年240日以上と最も多く、1年のうち3分の2以上の期間を日本国内に滞在している。なお、納税者は、係争年度中に癌に罹患し、国内の病院に入通院していた。

　この判決は、「住所」の概念については、これまでの判例の考え方を踏襲したうえで、具体的な判断基準として、①滞在日数、②住居、③生計を一にする配偶者その他の親族の居所、④職業、⑤資産の所在等の事情を総合的に考慮すべきであるとした。

図表1－1　その「住所」が「生活の本拠」であるかの主な判断基準

項目	内容
①　滞在日数	・租税条約の183日ルール（短期出張者のための特例）と混合している場合がある ・滞在日数が少ないというだけでは非居住者とはならない
②　生活場所及び生活の状況	例えば、郵便物や水道光熱費の支払状況など、そこで継続して居住し、生活していたことを証明する必要がある
③　職業	・どこの国の仕事をしているか ・どちらの国の仕事の方が重要なのか
④　生計を一にする親族の居所	家族やその他の親族の状況が判断基準になることもある

第1章　所得税法

⑤　資産の所在	・資産がどちらか多いということでない ・どちらの国の方が資産の動きがあるかを重視
⑥　生活に関わる各種届出状況等	・他国での確定申告はしているか

　この判決で注目されるのは、たとえ納税者の職業が重要な役割を担っているとしても、直ちに職業が重視されるべきではなく、あくまでも判断基準の一つに過ぎないと判示していることである。

　また、納税者が、治療等のために病院の近くにある住宅に滞在していたことは、その住宅が納税者の生活に最も関係の深い一般的生活、全生活のために重要な拠点であったことを基礎付ける事情であると判示している点も留意すべき内容である。

　④職業及び⑤資産の所在において、国外が日本国内を上回っていたとしても、①滞在日数や②住居等の事情が重視されて判断された裁判例である。

 立証のポイント・注意点

① 　生活の本拠とは、その者の生活に最も関係の深い一般的生活、全生活の中心を指す。
② 　生活の本拠は、国内外での①滞在日数、②生活場所及び同所での生活状況、③職業及び業務の内容・従事状況、④生計を一にする親族の居住地、⑤資産の所在、⑥生活に関わる各種届出状況等を総合的に勘案して判断される。
③ 　外国における居住者の判定は、国によって異なるため、日本と外国の両方で居住者となることがあり、双方の国で課税される場合がある。

参考裁判例
東京地判令和3年11月25日：TAINS・Z271－13634

（角田　敬子）

5

2　非課税所得の範囲　—課税所得と非課税所得となる損害賠償金の接点—

CASE

　　私は、数年前から、自己資金の運用を始めました。一定金額以上の資産の保有を条件としたプライベート・バンキング業務を行う外国の総合金融機関の企業に、資金を運用させ、利益が毎年保証された金融商品に投資するという方法です。ところが、同企業内部での不正で資金が消失しました。そこで、同企業の国内の支店に元本の返還等を求めるための交渉を行ったところ、元本及び保証された運用益等を支払う旨の和解契約を締結するに至りました。

　　当該和解契約に基づき支払われた和解金は、出資金の返還を中心に構成される損害賠償金であるため、全て非課税所得に該当し、申告不要と考えて良いでしょうか。

ここが分かれ目 〜判断のポイント〜

　非課税所得となる損害賠償金は、納税者に損害をもたらす原因行為が、不法行為（民法709等）の故意・過失の要件を厳密に満たす必要はない。しかし、形式的に損害賠償金や見舞金その他これに類する和解金等の名目のものであっても、納税者に損害が現実に発生し又は発生が見込まれ、かつその損害を補填するために支払われる金員でなければ非課税所得とならない。

A

　当事者間で、損害賠償を目的として支払われたものであっても、その金員のうち、納税者に客観的に損害が発生し、客観的に発生した損害の範囲に限って非課税所得を構成しますが、その限度を超える金員は課税所得に該当するため申告する必要があります。損害賠償金の課税所得からの除外の目的は、それが納税者の人的及び物的

第1章　所得税法

損害を補塡する性質を有し、原則的に納税者に利益をもたらさないため、課税所得から除外することにあります（所法9①十八、大阪地判昭和54年5月31日行裁例集30巻5号1077頁：TAINZ・Z105－4414）。

解　説

1．課税所得の範囲

　所得税法は、個人の暦年の担税力に応じた課税を目的する。個人の担税力を増加させる経済的利益は、原則的に非課税所得に該当しない限り、全て課税所得の対象となる（所法7①、36①）。

2．損害賠償金等の非課税所得規定の法的構造

　保険金、損害賠償金等の非課税所得規定は、第一に、保険業法の定める（外国）損害保険会社の保険契約に基づく保険金、第二に、損害賠償金、第三に、これらに類する性質の金員で、心身への人的損害又は突発的な事故による資産への物的損害に基因する性質を有する所得（所法9①十八）には、所得税を課さないと定めている。

　所得税法9条1項18号の規定の趣旨は、損害賠償金等は、他人の行為で納税者が被った損害を回復し、補塡する性質を有するものであるから、担税力の増加となる課税所得とすることが不適当であるため、これを除外することにある。しかし、名目上の損害の対象には種々の要素が含まれており、画一的にその全てを非課税所得とすべきではないから、非課税所得規定は人的損害と物的損害を例示してその他の具体的な内容の定めを政令に委任している。

　委任を受けた所得税法施行令30条は、その保険金並びに損害賠償金として、第一に、身体の傷害及び心身への損害に基因する慰謝料その他のもの及び損害に基因して勤務又は業務に従事できなかったことによる給与等の補償（所令30一）、第二に、資産の損害及び不法行為その他の

突発的な事故で資産への損害に基因するもの（所令30二）、第三に、心身又は資産への損害に基因する見舞金（所令30三）の3項目を掲げている。

　また、所得税法施行令30条柱書きの括弧書きでは、各号の共通事項として、損害を受けた者の各種所得金額の計算上、必要経費（所法37、所令94①）に算入される金額を補塡する金額を除外して課税所得とする。これは、非課税所得と必要経費の控除という二重の控除を防止するためである（名古屋地判平成21年9月30日税資259号順号11281：TAINZ・Z259－11281）。さらに、所得税法施行令30条2号では、事業所得等の業務に係る損失に基づくもの及びその休止等の収益の補償として実損額を補塡するものを除く補償金で、業務の遂行で生じる収益に代わる性質のもの（所令94①二）を、所得税法施行令30条3号では、2号の除外事項に加えて、その他の役務の対価たる性質を有するものを課税所得とする。

3．参照裁判例

　そこで、CASEのような資産運用に係る不正行為に基因する和解金のうち、元本の補塡部分と運用益相当額の両者が非課税所得に該当するかが問題となる。

　CASEと同様に、納税者が、外国金融機関のグループ企業に資金運用を委託し、その職員の不正で資金が消失したことにつき、その外国支店から和解契約（民法695）に基づき支払われた金員が、非課税所得に該当するか否かを争点とした事案がある（東京高判令和2年12月24日・後掲参照）。

　裁判所は、和解金が非課税所得となる損害賠償金に該当するか否かの判断基準として、和解の内容や和解交渉の経緯等を総合的に判断し、その金員の法的性質が客観的に損害賠償金と評価できるか否か、という法的判断の基準を示した。そのうえで、当該金員は、元本及び年利に相当する運用益の保証を主張し合った結果、和解契約が成立し、不正行為で

生じた元本損害額の補塡及び運用益相当額の逸失利益の補塡としての性質を有すると認定した。そして、元本の補塡額は非課税所得に該当し、運用益の補塡額は業務の収益の補償金その他これに類するもの（所令94①二）で、雑所得に係る収入金額に代わる性質を有することから課税所得となると判示した。

非課税所得に該当する損害賠償金は、損害の発生により納税者の純資産が減少し、当該金員を取得しても、なお納税者の担税力を増加させることがないものである。客観的な損害の範囲を、当事者だけでなく社会通念に従って画定することが肝要である。

図表１－２　非課税所得該当性判断の構造

・損害賠償を目的として支払われた納税者の収受する経済的価値
　⇒課税所得（所法７）又は非課税所得（所法９①十八）
・損害賠償を目的として支払われた保険金又は損害賠償金
　⇒納税者の人的及び物的損害を補塡する性質を有するもの＝非課税所得
　⇒上記の損害補塡の限度を超えるもの＝課税所得
・納税者の人的及び物的損害を補塡する性質を有するものの範囲の判断基準
　⇒客観的に判断

立証のポイント・注意点

① 非課税所得となる損害賠償金は、納税者に損害をもたらす原因行為が、不法行為（民法７０９等）の故意・過失の要件を厳密に満たす必要はない。

② 形式が損害賠償金や見舞金これに類する和解金等の名目のものであっても、納税者に損害が現実に発生し又は発生が見込まれ、かつその損害の補塡のために支払われる金員だけが非課税所得となる。

③　損害の範囲は、納税者の主観ではなく、客観的に判断しなければならない。
④　課税所得を構成する収入金額（収益）又は必要経費を補塡する性質を有するものは、課税所得となる。

補　足

・非課税所得に該当する金員と課税所得に該当する金員を明確に区別するために、和解契約等の締結の際に、金員を収受する原因となる損害額の範囲、逸失利益、遅延損害金の内訳や経緯等を明確にした書証を作成する必要がある。

・和解金等を外貨で取得する場合、その金員を収受した時点の為替レートを確認し、為替差損益の有無をも考慮する必要がある。

参考裁判例

東京地判令和2年6月11日：TAINS・Z270－13412
東京高判令和2年12月24日：TAINS・Z270－13502

（山本　直毅）

第1章　所得税法

3　後発的事由による更正の請求の範囲 ―訴訟上の和解と課税所得の接点―

CASE

　　私は、商品先物取引の受託等をするＡ社との間で、商品先物取引の委託契約を締結しました。同取引で、数年間は売買差益が生じ、その決済金は次の取引に利用していましたが、最終的に、多額の損失を被りました。後に、決定処分で手許にない差益に対する多額の所得税の納税義務を負いました。

　　そこで、全体として正常な取引を大きく逸脱するＡ社の勧誘行為の違法性を原因として委託契約は無効であるとして、Ａ社に対して不法行為に基づく損害賠償請求を提起したところ、Ａ社との間で、取引全体を通じた損害補塡のための解決金を支払う旨の訴訟上の和解が成立しました。この和解を理由に、後発的事由による更正の請求は認められるでしょうか。

=== ここが分かれ目 ～判断のポイント～ ===

　所得税法は、私法上の行為それ自体ではなく、それによって得られた経済的成果を課税所得とする（所法7①、36①）。経済的利益をもたらす私法上の行為に欠陥瑕疵があっても、現に経済的成果が生じている限り課税要件を充足する。課税所得の算定の基礎となった欠陥瑕疵のある私法上の行為で獲得した経済的成果が、その私法上の行為の欠陥瑕疵を原因として無効であることに基づいて当該経済的成果が失われた場合に、初めて後発的事由による更正の請求が認められる（最判平成2年5月11日訟月37巻6号1080頁：TAINS・Z176－6510、所法152、所令274）。

A

　　損害賠償金で取引全体を通じて損益がない状態となっても、当該取引の無効に基づいて生じた経済的利益を返還し、契約締結前の原

状に回復しなければ後発的事由による更正の請求が認められません。和解条項が後発的事由による更正の請求に該当し、原状回復をすることが必要です。契約が有効であることを前提に損害賠償金を収受しているため、客観的に人的及び物的実損額を補塡するものは非課税所得ですが、その限度を超える収益を補塡するものは新たに課税所得として申告する必要があります。

解　説

　申告等で一度確定した税額等が誤り等によって実体に即していない場合、法律適合性の原則を堅持して、誤った内容を実体に適合させるための税額等の減額変更をする手続が必要である。納税者は、自らの税額等を減額し、もしくは純損失等の金額を増額し、実体に即した適正な内容に変更するために、更正の請求をすることができる。

1．一般的事由による更正の請求

　国税通則法は、一般的事由と後発的事由の2つの更正の請求を用意する。各実体法は、その特則として特別事由を定める。一般的事由による更正の請求は、提出・確定した納税申告書に係る税額等の誤りの是正手続である（通法23①）。確定した税額等が後に生じた事由によりその計算の基礎に新たに影響を及ぼすことがあるが、後発的事由による更正の請求は、変動前の課税要件事実に基づく税額等を変動した課税要件事実に適合させて、確定した税額等を変更する手続である（通法23②）。

　法定申告期限から5年以内である場合には、一般的事由による更正の請求に拠らなければならない。

2．後発的事由による更正の請求

　一般的事由による更正の請求の期間を徒過し又は決定で税額等を確定した納税者は、国税通則法23条2項に列挙された事実を理由に、その翌日から2か月以内に、後発的事由による更正の請求をすることができ

る。

　後発的事由による更正の請求の趣旨は、納税者の権利保護にある。つまり、納税者が申告時に予想し得なかった事態その他やむを得ない事由が後発的に生じることで、税額等の計算の基礎に変更をきたし、税額の減額等をすべき場合に期間制限で更正の請求を認めないとすると、帰責事由のない納税者に酷な結果を生じさせるから、例外的に認めて保護されるべき納税者の救済の途を拡充することにある（名古屋地判平成2年2月28日訟月36巻8号1554頁：TAINS・Z175－6460）。

　とりわけ、訴訟上の和解は、係属中の訴訟の期日に当事者から申立てがある場合、当事者が互譲した内容を裁判所が適当な和解条項を定めることで訴訟を終わらせる合意である（民訴法264、275）。それは確定判決（民訴法114①）と同様の効力を有する（民訴法265①、267）。

　国税通則法23条2項1号は、確定した「税額等の計算の基礎となった事実に関する訴えについての判決（判決と同一の効力を有する和解その他の行為を含む。）により、その事実が当該計算の基礎としたところと異なることが確定した時」を掲げ、その括弧書きで、訴訟上の和解も後発的事由として包摂することを定める。もっとも、確定した判決又は訴訟上の和解が、形式的に後発的事由に該当する場合であっても、当事者が専ら租税負担を免れる目的で馴合いによってこれを得たなど、実体と異なって、実質的には客観的、合理的根拠を欠くもので、真実は権利関係の変動がないような場合には、当該後発的事由に該当しないとして、裁判所は限定的に解している（東京高判平成10年7月15日訟月45巻4号774頁：TAINS・Z237－8202）。

3．参照裁判例

　CASEと同様に、納税者が商品先物取引委託契約を締結した受託者との間で訴訟上の和解を成立させたが、それが後発的事由である判決と同一の効果を有する和解に該当するか否かを争った事例がある（東京高判令和4年10月31日・後掲参照）。

裁判所は、決定処分は、損益が納税者に帰属し、課税所得を有したとの事実を基礎としてされたものであるから、訴訟上の和解がその後発的事由に該当するためには、和解条項により損益の帰属の事実に変動が生じたと認められる必要があるという判断基準を示した。

　和解条項は、委託契約が無効かつ取り消されたことを確認するが、①法律行為が公序良俗に反するか否かは、当事者の合意ではなく、客観的にみて判断されるべきであること、②受託者は第三者との間での問屋契約で取引の効力が生じており、実体に反するものであること、③委託手数料との差額請求権が発生するとするが、同時に納税者が同差額を既に収受したものとして何ら納税者と受託者に新たな金銭負担を伴う債権債務が発生しておらず、真実の権利関係等の変動がないから、納税者は各利益が帰属することを前提に租税負担を免れるために訴訟上の和解で形式を作出したものというほかなく、それ以外に客観的な合理的理由はないと判示して、納税者の請求を棄却した。

図表 1 － 3 　課税所得の要件事実と更正の請求

・所得税法の課税物件（所法 7 ①、36 ①）

　課税所得＝経済的成果を獲得した事実（私法上の効果が有効・無効であるかを問わない）

　課税所得≠私法上の法律行為

・一般的事由による更正の請求（通法23①）－原則（法定申告期限から 5 年以内）

　⇒提出・確定した納税申告書に係る税額等の誤りの是正手続

・後発的事由による更正の請求（通法23②）－例外

　⇒確定した税額等が後に生じた事由によりその計算の基礎に新たに影響を及ぼす場合に、変動前の課税要件事実に基づく税額等を変動した課税要件事実に適合させる変更手続である

　＝確定した税額等の基礎となる権利関係等の事実の変動を要求する

第1章　所得税法

 立証のポイント・注意点

① 納税申告時の税額算定の基礎となった権利関係等の事実に変動が生じているか否か。
② 客観的・合理的根拠に基づいて契約等が無効であることに基因して事実関係に変動が生じる場合とは、少なくとも契約締結前の元の状態に戻す（原状回復（民法121の2））ことが必要であり、課税要件事実を変動させるための内容が適正に和解条項に反映されているか否かを確認する必要がある。
③ 実体と異なって、当事者が専ら租税負担を免れる目的で馴れ合いによって訴訟上の和解を得など、その実質において客観的、合理的根拠を欠くもので権利関係の変動がないような場合には、当該後発的事由に該当しない。

補　足

　訴訟上の和解は、法律専門家による迅速・柔軟な解決手続であり、紛争解決負担軽減手続でもある。過酷な状況にある納税者は、現状の状況から脱するべく、互譲の内容の結果を早期に認めて問題を解決することに注力し、租税法律関係を理解して適正に和解条項の文言に反映させるとは限らない。

参考裁判例

東京地判令和4年2月25日：TAINS・Z272-13676
東京高判令和4年10月31日：TAINS・Z272-13767
最決令和5年3月24日（棄却・不受理）：TAINS・Z888-2568

（山本　直毅）

4 事業所得の範囲 ―損益通算と雑所得の接点―

CASE

　私は、平日に会社員として勤務し、余暇に兼業でフリーカメラマンとして活動しています。カメラマン業務を遂行するにあたっては、給与や預貯金を切り崩しながら、宣伝をし、個展や展覧会などを開催して継続的に作品を販売しています。親族や知人しか購入者がおらず、損失が生じています。当該業務は、昔からの夢であり、強固な意思を持って成功させたいと思っております。この業務は事業に該当し、事業所得の計算において損失に該当しますか。

=== ここが分かれ目 ～判断のポイント～ ===

　事業所得は、社会通念上、客観的に事業と判断し得る経済活動を遂行することで得られる収益に担税力を認めて分類される。

　経済活動の規模や設備等だけでなく、その活動で相当程度の期間継続して安定的収益を獲得できる可能性があるか否かも検討する必要がある。

A

　活動の規模、態様、収支の状況や販売実績、相手方の範囲等を検討する必要がありますが、一般客への販売実績も少ない現在の収支の状況では、一定期間継続して安定的な収益を獲得できる可能性が客観的に認められないため、社会通念上、事業所得該当性の要件である営利性が否定され、雑所得に該当すると考えられます。

第1章　所得税法

解　説

1．所得区分と損益通算

　所得税法は、個人の実質的な担税力に即した課税を目的とする。

　所得税法は、課税所得の適正な測定のために、その発生の態様や性質に応じて担税力が異なることを前提に、10種類の所得区分を設け、担税力の相違に即して異なる計算ないし課税方法を定める（所法21①一）。そして、質的に分類した各種所得を基礎に、それを合算又は相殺（所法22②、69①）して、総合的に課税することで、同法の目的を実現する（所法21①二、89①）。

　所得税法69条1項は、総所得金額の計算上、損益通算の対象となる不動産所得、事業所得、山林所得又は譲渡所得の損失を列挙して、プラスの所得金額からマイナスの損失を控除し相殺することで、総量を確定するという法的技術を定めている（所令198）。損益通算の対象からは、雑所得等及び生活に通常必要でない資産に係る損失は、原則として除外される。

　かつて、雑所得は、損益通算の対象として存置されたが、その多くが余剰資産の運用で獲得され（福岡高判昭和54年7月17日訟月25巻11号2888頁：TAINS・Z106－4436）、必要経費が少額で、家事関連費的性質を有するとの理由から除外された。

2．事業所得と雑所得

　このように、ある経済的利得の事業所得該当性の可否は、所得区分と損益通算の対象になるか否かの問題と相まって、納税者の租税債務に直接的に影響を与える問題である。

　所得税法は、事業所得を、法令で定める事業の他、対価を得て継続的に行う事業から生じる所得をいうと定めている（所法27①、所令63）。

　最高裁昭和56年4月24日（民集35巻3号672頁：TAINS・Z117－4787）判決は、①自己の計算と危険及び独立性、②営利性・有償性を有

し、かつ③反復・継続して遂行する意思と社会的地位とが客観的に認められる業務に該当する所得であると判断基準を示した。

これに対して、雑所得は、所得区分の利子ないし一時所得のいずれにも該当しない所得として消極的に定義される（所法35①）。所得税の計算の順序規定、一時所得課税規定（所法21①、34①）及び雑所得課税規定によれば、第一に、利子ないし譲渡所得該当性（所法23①ないし同法33①）を検討し、第二に、営利目的及び継続的行為から生じた所得以外の一時の所得で、かつ、労務その他の役務又は資産の譲渡の対価としての性質を有しない所得の該当性を順次検討し、いずれにも該当しない場合に、雑所得に分類する。

仮に、納税者の営利目的とする独立的継続的行為から生じる所得につき、事業所得該当性が否定されたならば、その性質上、雑所得に分類される。

３．参照裁判例

CASEのように、収入が少額である場合、営利目的の継続的行為が事業所得に該当するかが問題となる。類似事例として、医師として給与を得る納税者が、画家としてアトリエを借りて製作し、個展で販売活動等をしたところ、損失が生じた場合について、事業所得の事業該当性が争われた事案がある（最決令和4年4月21日・後掲参照）。

裁判所（東京高判令和3年11月17日・後掲参照）は、上記の最判昭和56年4月24日の判断基準を具体化し、社会通念に照らして総合的に判断する際の評価証拠として、特定の経済活動の営利性・有償性の有無、継続性・反復性の有無のほか、自己の危険と計画による企画遂行性の有無、それに費やした精神的・肉体的労力の程度、人的・物的設備の有無、活動資金の調達方法、その者の職業、経歴、社会的地位及び生活状況並びに、その活動により相当程度の期間継続して安定した収益を獲得する可能性が存するか等の諸般の事情を挙げた。そして、画家の製作販売等は、物的設備を備え、有償性・継続性等を有する自己の計算と危

第1章　所得税法

険において企画遂行された活動と評価できるが、安定的収益を獲得できていないことから、客観的営利性が否定され、雑所得に該当すると判示した。

令和4年10月7日、国税庁は、新分野の経済活動及び副業に係る所得について、所得税基本通達35－2の一部改正案を公示し、意見公募の内容を考慮して雑所得判定の基準を明確化した。上記の法令解釈通達は、業務に係る雑所得を例示しており、事業又は山林所得と認められるものを除き、営利目的の継続的な資産の譲渡に係る所得及び注意書を規定する改正内容となった。

所得税基本通達35－2は、所得獲得活動が、社会通念上事業と評価し得る程度で実行されているか否かの基準を注意書で示し、納税者が、当該所得に係る経済活動の取引を帳簿に記録・保存し、かつ、その所得が3年程度、収入金額非僅少の要件（300万円を超え、その者の主たる収入の10％を超える。）、又は営利性の要件（黒字又は赤字解消の取組みを有する。）を満たすと認定される場合、事業所得として取り扱うとした。

図表1－4　事業所得該当性の判断基準

事業所得課税規定 （所法27①、所令63）	農業、漁業、製造業、卸売業、小売業、サービス業等、法令上の事業の他対価を得て継続的に行う事業から生じる所得
判例の事業所得 該当性の要件 （評価根拠）	①　自己の計算と危険及び独立性 　　（自己の危険と計画による企画遂行性の有無） ②　営利性・有償性 　　（その活動により相当程度の期間継続して安定した収益を獲得する可能性が存するか否か） ③　反復・継続して遂行する意思と社会的地位 　　（それに費やした精神的・肉体的労力の程度、人的・物的設備の有無、活動資金の調達方法、その者の職業、経歴、社会的地位及び生活状況） ④　上記の諸般の事情が客観的に認められる業務から生じる所得

19

立証のポイント・注意点

① 事業所得は、社会通念上、客観的に事業と評価し得る経済活動を遂行することで得られる課税所得に担税力を認めて分類される。
② 特定の経済活動が、事業所得の事業に該当するためには、社会通念上、客観的に事業と評価し得るものでなければならない。
③ 所得区分は、獲得された課税所得の法的性質で分類されるから、事業の営利性に対する反証があることを前提に、経済活動の規模や設備等だけでなく、相当程度の期間に継続して安定的収益を獲得できる可能性を示していくことが重要である。

補　足

　所得税基本通達35－2は、ある経済活動が、社会通念上事業と評価できるか否かについて、上記事業所得該当性だけでなく、①経済活動に係る取引を帳簿に記録・保存し、かつ、②その所得が3年程度の間、収入金額非僅少の要件（300万円を超え、その者の主たる収入の10％を超える）等を満たすものであるとの形式要件を定めており、参考になる。

参考裁判例

横浜地判令和3年3月24日：TAINS・Z271－13545
東京高判令和3年11月17日：TAINS・Z271－13631
最決令和4年4月21日（棄却・不受理）：TAINS・Z272－13708

（山本　直毅）

第1章　所得税法

5 事業所得と給与所得、雑所得との接点（医業）

CASE

　私は医師として、複数の医療機関において健康診断の業務で勤務しており、その他に産業医として顧問先企業への訪問、保険会社からの事故案件に関わる意見書作成等を行っています。独立した医師として事業を行っているので、雇用契約書を締結していません。そこで、業務委託契約や派遣契約となっている取引先からの収入は事業所得として、経費を入れて申告したいと思いますが、税務上、問題が生じることがありますか。

=== ここが分かれ目 ～判断のポイント～ ===

　事業所得として申告できるのは、自己の危険負担において得た事業収入のうち、反復性、継続性を有し、取引の記録（帳簿の記帳）を行っている一定の規模を満たす事業者ということになる。雑所得の改正通達が令和4年分の確定申告から適用されるので、300万円以下の収入金額でかつ取引の記録が無い者は「業務に係る雑所得」の所得区分で申告する必要がある。

A

　相手先へ訪問し、その指揮命令系統に属して行う労働対価としての収入は給与所得になるので、事業所得にはなりません。事業とされる収入でも、継続性や規模の点で事業規模に至らない収入は業務に係る雑所得となります。健康診断のように、取引先へ訪問して、先方の設備を利用して診察や検査を行う業務は時間的、空間的拘束を伴い、設備や危険の負担も無いため、雇用契約書が仮に無いとしても税務上は給与所得とみなされます。産業医としての衛生労働委員会への出席や従業員の健康診断指導に関しても、同様な理由で給

21

与所得となります。

　拘束外の時間を利用して得た報酬は事業所得となり得る余地はありますが、意見書作成等の収入金額が事業と称する規模に至らない場合には、一般的には業務に係る雑所得で申告することとなります。

解　説

1．小規模事業者の増加

　令和4年8月に公表された300万円以下の事業収入を雑所得として取り扱う改正案のパブリックコメントに7,000件を超える意見数が寄せられ、記帳義務案に修正されたことは記憶に新しい。事業規模に至らない副業を事業所得として申告し、損益通算する節税スキームの横行もさることながら、ここ数年のコロナ禍において事業者に対して助成金、補助金を支給したことから、雑所得では無く、事業所得で申告しておかないと補助金が出ないと考えたフリーランスの方も多いかと思われる。業務委託契約があらゆる分野へ進出することによって、本来は自社の従業員によって行われていた労働が外注業務となり、かつコロナによる仕事量の減少等も加わり、300万円未満の事業所得が生じ易い社会状況ともなっている。

2．改正通達

　改正された所得税基本通達35－2注書きによると、「事業所得と認められるかどうかは、その所得を得るための活動が、社会通念上事業と称するに至る程度で行っているかどうかで判定する。なお、その所得に係る取引を記録した帳簿書類の保存が無い場合（その所得に係る収入金額が300万円を超え、かつ、事業所得と認められる事実がある場合を除く。）には、業務に係る雑所得（資産（山林を除く。）の譲渡から生ずる所得については、譲渡所得又はその他雑所得）に該当することに留意する」とされており、帳簿を用意することができれば事業所得にすること

ができると勘違いしそうであるが、事例紹介において、例年300万円以下の収入で、主たる収入の10％に満たない場合や例年赤字で、営利性が認められない場合等には、個別に判断すると記載されているので注意が必要である。

図表１－５　事業所得・雑所得の判断基準

収入金額	帳簿保存有り	帳簿保存なし
300万円以下	概ね事業所得	業務にかかわる雑所得
300万円超		概ね業務にかかわる雑所得

注　「概ね事業所得」と記載しているのは、この判定の他に次のような個別判断があるからである。
　　事業所得とされるには、営利性や継続性、収入額が僅少で無いこと等が求められる。
　　また帳簿保存義務を満たしてはいないが、明らかに事業として取り扱うべき規模と実態があるものまでも一律に雑所得と取り扱う訳では無いため「概ね業務にかかわる雑所得」としている。

参考：国税庁改正資料を基に作成

３．参考裁決事例の考え方

　事業所得の本質は、自己の計算と危険において独立して反復継続して営まれる業務から生ずる所得である点にあり、給与所得の本質は、自己の計算と危険によらず、非独立的労務、すなわち使用者の指揮命令ないし空間的、時間的な拘束に服して提供した労務自体の対価として使用者から受ける給付である点にあると考えられる。

　営利性や有償性を有し反復継続して行われる業務ないし労務の提供という経済的活動から得られる収入が事業所得に該当するか給与所得に該当するかは、自己の計算と危険によってその経済的活動が行われているかどうか、すなわち経済的活動の内容やその成果等によって変動し得る収益や費用が誰に帰属するか、あるいは費用が収益を上回る場合などのリスクを誰が負担するかという点、遂行する経済的活動が他者の指揮命令を受けて行うものであるか否かという点、経済的活動が何らかの空間

的、時間的拘束を受けて行われるものであるか否かという点などを総合的に考慮して、個別具体的に判断すべきである。意見書作成業務に係る収入が占める割合は、1割にも満たず、安定した収益を得られる可能性があるとは認められないので、社会的客観性をもって「事業」であるとまで認めることはできない。

立証のポイント・注意点

① 記帳、帳簿保存を満たす
　事業所得として申告するのであれば、記帳と帳簿の保存を満たす必要が最低でも必要である。
② 収入300万円以下の場合
　収入が300万円以下の場合には、営利性を満たすための収入改善努力である等の取組みを実行していることの証拠を用意することも求められる。

補　足

　改正通達は、事業所得に該当しない収入規模を明確化するという意味では有意な取扱いであるともいえる。事業所得とは、「自己の計算と危険において独立して営まれ、営利性、有償性を有し、かつ反復継続して遂行する意思と社会的地位とが客観的に認められる業務から生ずる所得である。」という、昭和56年4月24日最高裁判決の判断の本質は何も変わっていない。

参考裁決事例

国税不服審判所裁決令和3年11月19日：TAINS・J125－1－02

（小野木　賢司）

第1章　所得税法

6 医師と画家の二刀流 ―事業所得と雑所得の接点―

CASE

　私は、医療法人の理事長を務める医師ですが、画家としての活動もしております。医師としての収入は年収1億円を超えていますが、画家としての収入は30万円ほどしかなく、画等の制作及び販売をするためのアトリエの賃貸料や個展の開催費用など1,000万円を超える経費がありました。

　この度、所得税の確定申告で、医師として得ている給与所得と画家としての制作活動については事業所得で申告したところ、税務調査の際、「画業による所得は雑所得に該当するため、他の所得とは損益通算できない」として否認されました。

　画等の制作及び販売から生じた所得は、事業所得には該当しないのでしょうか。

=== **ここが分かれ目** ～判断のポイント～ ===

　事業所得であるかどうかは、「事業所得とは、自己の計算と危険において独立して営まれ、営利性、有償性を有し、かつ反復継続して遂行する意思と社会的地位とが客観的に認められる業務から生ずる所得をいう」(最判昭和56年4月24日：TAINS・Z117－4787)という判例に基づき、総合勘案して判断することが原則である。

A

　画等の制作及び販売から生じた所得が、自己の計算と危険において独立して営まれ、営利性、有償性を有し、かつ反復継続して遂行する意思と社会的地位とが客観的に認められる業務から生ずる所得であることが認められる場合には、事業所得になります。

25

解　説

1．雑所得に係る改正の背景

　令和2年度税制改正に伴い、令和4年分以後の所得税から、雑所得の範囲についての取扱いの見直しが行われた。

　この改正の背景には、赤字の副業を事業所得として申告して給与所得と損益通算するなどの事案が多く見受けられたことから、副業による過度な節税対策を規制するため、シェアリングエコノミー等新分野の経済活動の適正課税の確保に向け、雑所得の範囲を明らかにしたものである。

2．「事業所得」と「業務に係る雑所得」の判定

　所得税基本通達35－2（業務に係る雑所得の例示）では、「業務に係る雑所得」に該当する所得を例示するとともに、「事業所得」と認められるかどうかの判定についての考え方を明らかにしている。

　「事業所得」と「業務に係る雑所得」については、その所得を得るための活動の規模によって判定され、当該活動が事業的規模である場合には「事業所得」に、事業的規模でない場合には「業務に係る雑所得」に区分されるという関係にあると示している。

　また、「事業所得と認められるかどうかは、その所得を得るための活動が、社会通念上事業と称するに至る程度で行っているかどうかで判定する」という取扱いを明らかにしている。なお、この社会通念による判定については、最高裁昭和56年4月24日判決及び東京地裁昭和48年7月18日判決（TAINS・Z070－3141）に示された諸点を総合勘案して判定することとされている。

第1章 所得税法

判例年月日	判示内容
① 最判昭和56年 4月24日	事業所得とは、自己の計算と危険において独立して営まれ、営利性、有償性を有し、かつ反復継続して遂行する意思と社会的地位とが客観的に認められる業務から生ずる所得である。
② 東京地判昭和48年 7月18日	いわゆる事業にあたるかどうかは、結局、一般社会通念によって決めるほかないが、これを決めるにあたっては営利性・有償性の有無、継続性・反復性の有無、自己の危険と計算における企画遂行性の有無、その取引に費した精神的あるいは肉体的労力の程度、人的・物的設備の有無、その取引の目的、その者の職歴・社会的地位・生活状況などの諸点が検討されるべきである。

3．参考裁判例

　さて、事業所得か雑所得かの所得区分について、医療法人の理事長・副院長として務める傍ら、画家として洋画の制作・販売を行っていた医師が、画業に係る赤字を医師の給与所得から控除して確定申告したところ、画業から生ずる所得は事業所得ではなく、雑所得に該当すると判断された事例がある（横浜地判令和3年3月24日）。

　裁判所は、まず、昭和56年の最高裁判決を引用し、「事業所得とは、自己の計算と危険において独立して営まれ、営利性、有償性を有し、かつ反復継続して遂行する意思と社会的地位とが客観的に認められる業務から生ずる所得をいうが（昭和56年最判）、具体的に特定の経済的活動により生じた所得がこれに該当するといえるかは、当該経済的活動の営利性、有償性の有無、継続性、反復性の有無の他、自己の危険と計算による企画遂行性の有無、当該経済的行為に費やした精神的・肉体的労力の程度、人的、物的設備の有無、当該経済的行為をなす資金の調達方法、その者の職業、経歴、社会的地位及び生活状況並びに当該経済的活動を

27

することにより相当程度の期間継続して安定した収益を得られる可能性が存するかどうか等の諸般の事情を総合的に検討して、社会通念に照らして判断すべきである」と示している。

そのうえで、納税者は①自作洋画等の販売のために個展を複数回開催していること、②自作洋画の画集を出版したこと、③アトリエを賃借し、これらの場所で洋画の制作及び保管を行っていること、④自ら費用を支出して、美術新聞や美術雑誌への自作洋画の掲載を依頼していること、⑤画家としての活動に係るホームページを開設し、個展の開催情報等を掲載していることなど、これらの事実に照らせば、本件制作販売等は、有償性、継続性、反復性のある活動であり、アトリエという物的設備を備え、さらに納税者が自己の費用を投じて上記活動を行っていることから、納税者の計算と危険において企画遂行されている活動であるといえるとした。

しかしながら、①いずれの年においても収入金額を大幅に上回る必要経費が投じられており、収益が全く生じていないこと、②納税者は医療法人から多額の給与所得を得ており、その生活に要する費用は上記給与所得により賄うほか、本件制作販売等に係る資金も、医療法人からの給与収入又は預貯金等で賄い、他からの借入れ等による資金調達を行っていなかったこと、③本件制作販売等において多額の損失が発生しても、納税者の生活に影響はないという認識であり、実際にも納税者の生活の維持に特段の影響を及ぼしていないこと、④納税者の意欲や主観はともかくとして、収益の改善に向けた具体的かつ現実的な計画の立案がされていたともいえないことから、本件制作販売等により相当程度の期間継続して安定した収益を得る見込みがあったとは認め難く、営利性があったとも認め難いと判断している。

つまり、本件制作販売等は、有償性、継続性、反復性のある活動であるとして認められたものの、営利性があったとは認められないとして、事業には該当しないと判断している。

28

第 1 章　所得税法

　立証のポイント・注意点

① 雑所得の改正通達において、事業所得と業務に係る雑所得の区分については、先に述べた上記判例に基づき、社会通念で判定することが原則となっている。
② 裁判所は、「相当程度の期間継続して安定した収益を得られる可能性」も検討すべきであるとし、重要な考慮要素であることを明らかにしている。
③ 事業所得に該当するかどうかの主な判断基準は、次のとおりである。

事業所得に該当するかどうかの主な判断基準

①	営利性、有償性の有無
②	継続性、反復性の有無
③	自己の危険と計算による企画遂行性の有無
④	その経済的行為に費やした精神的・肉体的労力の程度
⑤	人的、物的設備の有無
⑥	資金の調達方法
⑦	その者の職業、経歴、社会的地位及び生活状況
⑧	相当程度の期間継続して安定した収益を得られる可能性が存するか

参考裁判例

横浜地判令和3年3月24日：TAINS・Z271-13545
東京高判令和3年11月17日：TAINS・Z271-13631
最決令和4年4月21日（棄却・不受理）：TAINS・Z272-13708

（角田　敬子）

29

7 課税所得の人的帰属 —不動産所得と納税義務者の接点—

CASE

　私は会社に勤めていますが、私の父は20年ほど前から多数の土地を所有して、それらを造成し、駐車場として賃貸することで賃料収入を得ています。高齢になった父の相続税対策として、私は父から土地を無償で借り、駐車場に敷設される砂利舗装等の贈与を受けてその所有者となりました。そして、駐車場の貸主の地位を引き継いだうえで、駐車場の借主との間で新たに賃貸借契約を締結して賃料収入を得た場合、私の不動産所得として申告することに問題はないでしょうか。

ここが分かれ目 ～判断のポイント～

　所得税法は、課税所得を自由に支配することのできる法律上の真実の権利者を納税義務者とすることを大前提とする。不動産所得のような資産から生じる所得は、もたらされる収入の原因となる法律上の外見又は形式上の名義人ではなく、資産から生じる収入が、事実上、誰の支配に属するのかを事実確認して、人的帰属を確定する必要がある。

A

　課税所得と納税義務者の結び付きを課税所得の人的帰属といいます。駐車場の貸付けで得る賃料収入は不動産所得に当たりますが、その人的帰属の判断は、その資産の所有権が誰と結び付いているかで判断します。砂利舗装がされた地面は土地の構成部分であり、独立して所有権が成立しません。そのため、駐車場の賃貸借契約の貸主とその収益を享受する者の名義を変更したとしても、賃料収入をもたらす基礎となる駐車場の土地は、お父様の所有物であるため、お父様が不動産所得を享受する者であり、納税義務者となります。

第1章　所得税法

解　説

１．課税物件の人的帰属

　所得税法は、個人の実質的な担税力に応じた課税を目的とする。この担税力の概念は、課税物件の人的帰属の観念を大前提とする。その意味で、課税物件の人的帰属は、所得税法の根幹であると表現される。個人が、獲得した課税所得を支配して自由に処分できるときに、はじめて担税力の増減の存在を観念でき、所得税法の納税義務者と判断し得る（所法５）。

２．不動産所得と人的帰属

　所得税法は、不動産、不動産の上に存する権利、船舶又は航空機の貸付けによる課税所得を、資産性の高い所得として不動産所得に分類する（所法26①）。不動産等の貸付けによる課税所得の典型が、賃貸借契約による収入である。これは、当事者の一方である個人が土地などの使用・収益を相手方にさせて、相手方がその賃料を支払い、契約終了時に当該土地などを返還することを約して効力が生じる、諾成・有償・双務契約である（民法601）。不動産等の貸付業が事業的規模を有する場合でも、人的役務が付随的である場合には不動産所得に分類される。

　不動産等の資産の貸付けによる収入は、賃借人にその資産の使用・収益権を付与する対価として獲得するものであるから、本来、資産の所有者と賃貸借契約を締結する貸主の名義人は一致し、原則として、資産の所有者に帰属する。名義人とは、ある行為や権利等の主体として表明される個人である。しかし、資産の所有者と異なる者が法律行為をし、所有者と異なる者が名義人として契約を締結した場合、契約上の名義と所有の実体が乖離する。

　所得税法12条は、納税者間の課税の公平を実現するため、資産から生ずる収益の法律上の名義と実体が異なり、実質的に収益を享受する者が享受せず、その者以外の者がそれを享受するような例外的な場合に

31

は、その収益の起因となる当該資産の真実の所有者が収益を享受するものとして取り扱う（所基通12－1）ことを確認的に規定する。資産の所有者は、通常、資産の支配権を保有し（民法206）、その資産の取得にあたって、購入原資を出捐し、取得後には支配権を行使するから、それらの個別具体的な事実を確定して真実の所有者を判断する必要がある。

3．参照裁判例

CASEと同様に、従前より、土地を所有する父親が、土地の地表部の舗装等を子に贈与し、さらに、当該土地を親子間で使用貸借（民法593）したうえで、駐車場の賃貸借契約の貸主の名義人を子に変更して賃料収入を子が得た場合に、所得税法12条の定める単なる名義人であって、その収益を享受せず、その者以外がその収益を享受する場合に該当するか否かを争点とした事例がある（大阪高判令和4年7月20日・後掲参照）。

使用貸借契約とは、当事者の一方である個人がある物を引き渡し、相手方が無償で使用・収益をして、契約終了時に当該物を返還することを約して効力が生じる、諾成・無償・片務契約である（民法593）。

裁判所は、贈与契約の目的であった、土地上に敷設された舗装は、土地の構成部分で独立の所有権が成立しないから、当該契約は無効であるが、土地使用貸借契約は、子が付合する舗装部分をも含む土地で、駐車場賃貸業を営むことを当事者が明確に認識して成立したものと認められ、契約に基づく収益権として子が使用借権を有し、駐車場から生ずる収益の法律上帰属するとみられる者に該当すると判断した。そのうえで、土地の駐車場収入は、その所有権者がその果実収取権を第三者に付与しない限り、元来、所有者に帰属し、本件取引は、土地の所有権を留保することを前提に、所得を子に形式上分散する目的で、子らに対して使用貸借契約に基づく法定果実収取権を付与し、収益を子の口座に振り込んだものであるが、土地の法定果実収取権の付与を継続していたこと自体が、父親が所有権者として享受すべき収益を子らに自ら無償で処分

した結果と評価でき、その収益を支配していたのは父親であるから、子は単なる名義人であって、その収益を享受せず、親がその収益を享受すると判示した。

図表1－6　課税所得の人的帰属

所得税法における 納税義務者判断の原則	納税義務者＝課税所得を自由に支配することのできる法律上の真実の権利者
不動産等の資産の貸付による収入の人的帰属	資産の所有者＝賃貸借契約を締結する貸主の名義人
	収入を享受する者≠賃貸借契約を締結する貸主の名義人
実質所得者課税の原則 （所法12） ―納税義務者判断の例外―	資産から生ずる収益の法律上の名義と実体が異なり、実質的に収益を享受する者が享受せず、その者以外の者がそれを享受するような例外的な場合には、課税庁がその収益の起因となる当該資産の真実の所有者が収益を享受するものとして取り扱うことを確認する（所基通12－1）。

立証のポイント・注意点

① 不動産所得のような資産から生じる課税所得は、もたらされる収入の原因となる法律上の外見又は形式上の名義人ではなく、資産から生じる収入が、事実上、誰の支配に属するのかを事実確認して、人的帰属を確定する必要がある。
② 資産から生じる課税所得の人的帰属は、その基礎となる資産の法律上の真実の所有者として誰が支配権を行使しているか否かで判断する。
③ 不動産所得をもたらす源泉（不動産）への支配が誰に属するかの事実と課税所得の処分権者は整合する。

補　足

　納税義務者の判断は、法的三段論法でいう事実認定の段階である。所得税法は、私法上の法律効果である経済的利得（課税所得）を課税の対象とし、私法上の法律効果は私法により規律される。所得税法の解釈適用に当てはめる事実につき、私法上でどのような権利関係、法律構成又は性質を有するのか、適正に事実認定をする必要がある。

参考裁判例

大阪地判令和3年4月22日：TAINS・Z271 – 13553
大阪高判令和4年7月20日：TAINS・Z272 – 13735

（山本　直毅）

第 1 章　所得税法

8 一時所得の範囲 ―譲受した貸付金債権の回収差益と所得区分の接点―

CASE

　私は、会社の代表取締役を務めています。弊社への就任時に、知人の提案で、弊社に対する貸付金債権を額面未満の譲渡代金で譲受しました。その時、弊社は資力が皆無でしたが、知人の計画に従って、知人の経営する取引先から仕事を受注しました。その後に、弊社の資力が回復し、当該債権の取得価額を超える額の弁済を受けました。

　当該貸付金債権の回収差益の発生は、偶発的な会社の資力の回復による弁済で、債権者としての地位に基づき享受した利益であるため、一時所得に該当しますか。

=== ここが分かれ目 ～判断のポイント～ ===

　一時所得の特質は、一時所得規定の除外要件を満たす偶発的利益としての性質にある。

　収受した利益の偶発性の判断にあたり、債権譲渡の契約締結時点で、取得価額を超える額の弁済を受けることを予測し得る状態にあり、かつ、これを予期して債権を譲受したことが認められるなどの特段の事情の有無の存否を検討する必要がある。

A

　CASEの場合、知人との計画に従い、債権を譲受しており、譲受の時点で、一連の計画に従って会社の資力が回復することが見込まれ、額面金額の弁済を受けて利益を獲得しています。債権の取得価額と回収額との差額の回収差益は、債権譲受時に、確実に利益が発生することが予測され、偶発的に生じた利益とは客観的に認め難いので、一時所得ではなく、雑所得に該当すると考えられます。

35

解　説

1．民法における債権譲渡

　貸付金債権などの金銭債権は、金銭の引渡しを目的とする（民法402）。債権者が、債務者の弁済を受けて一定の利益を獲得できるか否かは、債務者の支払能力の有無に左右される。債権者の資金繰りの都合や債務者の財務状態の悪化で取立不能の懸念がある場合、弁済期の到来前に、債権者が元本の額面金額よりも低い価額で、早期に少しでも多くの目的物を回収するために債権譲渡をすることがある。

　債権譲渡は、旧債権者である譲渡人と新債権者である譲受人との間で締結する諾成・不要式の契約であり（民法466①）、各人には、その取得価額と譲渡価額又は回収額との差額の損益を生じさせる。

2．所得区分と課税関係

　所得税法は、個人の収受する課税所得は、その発生と性質に応じて担税力に差異があることを前提に、応能負担の観点から、各種所得の担税力の相違に応じた税額算定及び課税方法を定める（所法21①）。

　譲渡人側の金銭債権の譲渡損は、租税法律主義の観点から疑義が存在するが、実務上、金銭債権は譲渡所得の資産の範囲から除外され、利子所得ないしは一時所得のいずれにも該当せず、雑所得として取り扱われる（所法33①、所基通33－1、所法35①、名古屋地判平成17年7月27日税資255号順号10089：TAINS・Z255－10089）。譲渡人の事業に関する債権の譲渡であれば、資産損失の必要経費算入規定が適用され必要経費に算入される（所法51②）。

　譲受人側の債権の回収差益につき、一時所得課税の規定は第一に、利子ないしは譲渡所得以外の所得で、第二に、営利を目的とする継続的行為から生じた所得以外の一時の所得で、第三に、労務その他の役務又は資産の譲渡としての性質を有しないものとして、一時所得の三要件を定めている（所法34①）。

その趣旨は、一時所得の特質が、臨時的又は偶発的利益であり、担税力が小さいから、応能負担の観点から、特別控除による少額不追及の考慮及び2分の1課税の方法を用いて課税標準を求めることにある（所法34②、22①二、東京地判平成22年10月8日訟月57巻2号524頁：TAINS・Z260-11528）。したがって、一時所得の主たる要素は、利益発生の偶発性にあるといえる。一時所得の代表例としては、満期保険金や競馬の払戻金が挙げられるが、これらの契約は、利益獲得を目的とした計画的・打算的行為であるが、その利益発生が契約締結時には不確定であるからである。一時所得は、一時所得の除外要件を満たす偶発的利益としての性質を有することが必要である。

一般に、債権を額面額未満の金額で譲受した場合、譲受人は、譲受時に、取得価額を超える額を得ることが不確定であるが、少なくとも取得価額を超える額の弁済を期待する。事業に関連しない貸付金債権の弁済による所得は、実務上、雑所得として取り扱われるが（所基通35-2(6)）、CASEのように債権の回収差益が、一時所得に該当するかが問題となる。

3. 参考裁判例

CASEの類似事例として、債権を譲受した納税者が、契約時点で、知人と計画し、資力喪失状態にあった債務者に対する貸付金債権を譲受し、その後、弁済資力が回復して、当該債権の額面金額の弁済を受けた利益につき、一時所得該当性が争われた事案がある（東京地判令和3年1月29日・後掲参照）。

裁判所は、一時所得の労務その他の役務の対価を定める除外要件該当性について、債権の弁済を受ける利益が債権者の職務行為に密接に関連してされたと認められる特段の事情の基準を示し、債務者の資力の改善には様々な複合的要因があり、債権者の役務の提供との対応関係を推認できないと判示した。次に、偶発性該当性について、債権の譲受時点で、債務者の資力が回復し、取得価額を超える額の弁済を受けることを

予測し得る状態に置かれ、かつ、予期して債権を譲受した特段の事情の基準を示し、納税者が譲受時に、知人の計画に従い債権を譲受して代表取締役に就任し、知人から工事の受注等をして会社の資力が回復することで債務の弁済をした一連の経緯から、金銭債権の回収差益は、譲受時点で確実に発生することが予測される特段の事情に該当するから、一時所得に該当しないと判示した。

図表1－7　一時所得該当性

・債権譲受による課税所得と所得区分
　債権の譲渡価額又は回収額－債権の取得価額＝損益の発生
　⇒譲渡所得？一時所得？雑所得？
・一時所得（所法34①）該当性の検証
　⇒①利子ないしは譲渡所得以外の所得
　　②営利を目的とする継続的行為から生じた所得以外の一時の所得
　　③労務その他の役務又は資産の譲渡としての性質を有しないもの
・一時所得の主たる要素は利益発生の偶発性にある
　⇒債権譲渡時点における偶発性（利益発生の不確実性）の検証

立証のポイント・注意点

① 一時所得の特質は、一時所得規定の除外要件を満たす偶発的利益としての性質にある。
② 一時所得の偶発性の判断にあたっては、当該債権者と債務者の関係、利益発生の原因、経緯、損益の法的性質だけでなく、利益発生が、契約時点で不確実で客観的に偶発的なものであるかが検証されなければならない。
③ 債権譲受の契約締結時点で、取得価額を超える額の弁済を受けることを予測し得る状態にあり、かつ、これを予期して債権を譲

第1章　所得税法

受したことが認められるなどの特段の事情の有無による偶発性の
検討が必要である。

補　足

　仮に、譲受時点で、債務者に弁済する資力がある場合、譲渡代金を超
える額の価値を有する債権の低額譲渡として、譲受人に、みなし贈与課
税規定が適用される可能性がある（相法7）。また、債権譲渡又は譲受
の主体が、法人である場合、無償取引課税規定の適用にも注意を払う必
要がある（法法22②）。

参考裁判例

東京地判令和3年1月29日：TAINS・Z271－13518

（山本　直毅）

39

9 他者が所有する車の撤去費用と家事費との接点

CASE

　私は土地の一角を駐車場（8台）として賃貸しています。賃借人から、窓ガラスが割れた車が駐車されていると連絡を受けたので、確認してみると、先月退去した方の場所に見知らぬ車が駐車されていました。どうやら車両を放置されてしまったようで、警察に事情を話し、運輸支局に情報を開示してもらったところ所有者が判明しました。そこで、所有者に撤去の依頼を内容証明で差し出したところ、転居していたようで戻ってきてしまいました。仕方なく、簡易裁判所で公示送達、訴訟を行い、被告人不在の確定判決を取ったうえで、強制執行の申立てを行い、最終的に執行官により無価値車両として撤去、廃車にすることができました。これら一連の費用を不動産所得の経費にしてもよろしいでしょうか。

=== ここが分かれ目 ～判断のポイント～ ===

　自己所有建物の撤去費用に関する実務の取扱いについては、いわゆる業務清算基準（国税不服審判所裁決平成28年3月3日：TAINS・J102－2－04）を採用することが多いと思われる。

　一方、他者所有物の撤去費用を土地所有者が負担する場合、撤去の事業必要性と、負担した撤去費用の求償権取得と、放棄の問題が発生する。賃貸事業の継続に必要不可欠な支出に関しては、不動産所得の経費となるが、事業必要性が乏しければ、家事費（贈与、寄附）となり、求償権が請求できる状況であれば、求償先への立替金と判断される恐れがある。

第1章　所得税法

A

　　一連の支出は執行官費用まで全て、不動産所得の経費とすることができます。放置車両なので賃貸借契約は存在しませんが、土地の自己利用部分が無く、撤去手続の期間中、貸付けが不能であったとしても、賃貸事業を継続するのに必要な支出であり、求償先も行方不明ですので、求償権の問題も発生しません。撤去費用は他者の資産に関する費用の支出というよりも、自己の資産を維持管理するために支出した費用に該当します。また、撤去費用なので、貸付けの事業規模は問われません。

解　説

　不動産貸付事業を行う者にとって、賃料が回収できないのに占有をしている者や物を排除し、賃貸可能な状態に回復することは当然の事業活動である。

１．税法における考え方

　他人の財物に対してなされた支出が経費となるか否かについては、消極的に取り扱われていた。理由としては、「納税者が負担すべきものでは無い」というところに集約される。業務関連性の判断というよりも、つまるところ、求償権の取得とその放棄の問題となるからである。相手方の自主的な撤去が不可能な状況で行う強制執行においても、求償権の問題を先に解決しておかない限り、立替金や寄附金と判断されてしまい、経費とすることは難しい。

２．参考事例

　借地に建てたアパートの建物所有者が債務超過で亡くなり相続人全員が相続放棄した事例において、土地所有者自らが一連の法手続を経て、建物を強制執行により収去した費用を不動産所得の経費としたところ、課税庁は、土地は賃貸借契約が解除されているので、取壊しの時点で

41

は、不動産事業の用に供してはいない資産であると判断した。また、解体は裁判所が和解に基づき、建物を相続財産法人の費用で収去することができる旨の決定をしたことにより強制執行されたものであり、相続財産法人が負担すべき収去費用を立て替えたものにすぎないから、家事費（所法45①）であるとして当該経費を否認した。

３．参考裁決事例の判断

　不動産所得の金額の計算上、必要経費（所法37①）に該当するには、家事上の経費（所法45①）との区分が明確である必要がある。支出が不動産所得を生ずべき業務と直接関係し、かつ、業務の遂行上必要であることを要する。

　不動産の貸付業務は、不動産を貸し付けてからその返還を受けるまでが一連の業務というべきところ、賃料が未払いのため、新たな賃借人に対する業務を行うべく、賃貸借契約の解除、訴訟の提起、建物の収去及び土地の明渡執行という一連の法的手続を執ったことは、新たな賃借人への貸付けに取り掛かっているとみられる。土地を賃貸業務以外の用途に転用していないことからすれば、貸付業務は継続していたものと認められるからである。

　賃借人には建物以外にめぼしい資産が無く、収去費を求償しても、回収が見込めない状況にあったので、土地所有者自らが費用を負担したものである。収去費の支出は、客観的にみて、不動産所得を生ずべき業務と直接関係し、かつ、業務の遂行上必要なものであったといえる。以上の内容から、収去費は必要経費に算入することができるものと判断した。

立証のポイント・注意点

① 求償権の解決
　他者財物の撤去費用を事業経費とするには、何よりも求償権の問題を解決しておく必要がある。参考事例とした審判所の判断においても、求償しても回収が見込めないところが決め手となっている。
② 事業関連性
　事業に関連した支出であることが要求されるのは当然のことである。

補　足

　本事案のような放置車両の撤去を考えるのであれば、求償先が行方不明であるならばともかく連絡が可能である（求償可能かどうかは不明な状況）というのであれば、極端なところ、車を1万円で買い取りますから譲渡書類に印鑑をください、という提案すら検討すべきである。盗人に追い銭の如くであるが、有償購入であるならば車両購入代金となるので、求償権は発生しない。CASEでは放置車両を無価値としたが、執行官の売却次第では、車両売却代金10万円ということもあり得る。その場合には、売却代金の10万円が総合譲渡収入、車両の取得価額は無償、執行官費用（売却に直接かかった費用）が譲渡費用という処理もあり得る。

参考裁決事例

国税不服審判所裁決令和元年9月20日：TAINS・J116－2－03

（小野木　賢司）

10 資格取得費と家事関連費との接点

CASE

　私は接骨院を開設して柔道整復師の業務を営む個人事業者です。接骨院を開設当初、私自身は柔道整復師の免許を有していなかったので、免許を要しないカイロプラクティックを行いつつ、柔道整復師の免許を持つ者を雇用して柔道整復を行わせていました。しかし、柔道整復師の免許を持つ従業員が近い将来に退職見込みであることを知り、接骨院の経営の安定及び事業拡大を目的として、自ら免許を取得するため、柔道整復師養成施設である専門学校に通いました。この専門学校への授業料等は、事業所得に関係するものなので、必要経費に算入したいと思いますが、よろしいでしょうか。

=== ここが分かれ目 ～判断のポイント～ ===

　事業に関連する経費が、所得税における必要経費に該当するか否かは、その費用が家事関連費として業務関連性及び業務必要性を明確に区分できるかにより判断することになる。

A

　所得税における家事関連費については、一定の要件の下、事業所得を生ずべき業務の遂行上必要であることが明らかになる部分に限って必要経費に算入することができますが、この区分は納税者において明確にする必要があります。

　本CASEにおける業務独占資格を取得するための費用は、資格取得後期間の限定なく一定の地位を獲得するものであり、期間対応が明確ではないことから、納税者においてその年の所得に対応する部分の合理的な区分をすることが可能である場合に限り、その部分について必要経費に算入できるものと考えられます。

第1章　所得税法

解　説

１．所得税法上の必要経費の考え方

　所得税法27条２項は、事業所得の金額は、その年中の事業所得に係る総収入金額から必要経費を控除した金額とする旨を規定するとともに、同法37条１項において、事業所得の金額の計算上必要経費に算入すべき金額は、別段の定めがあるものを除き、①所得の総収入金額に係る売上原価その他当該総収入金額を得るため直接に要した費用の額、及び②販売費、一般管理費その他所得を生ずべき業務について生じた費用（償却費以外の費用でその年において債務の確定しないものを除く。）の額とする旨を規定している。

２．家事費・家事関連費の考え方

　しかしその一方で、個人事業者における支出においては、事業所得を生ずべき業務のためのものだけでなく、私生活上の消費のために支出する家事費が混在する可能性がある。

　そのため、家事費については、事業所得の金額の計算上必要経費に算入しないものとしている。

　一方において、家事費としての性格のみならず、事業所得を生ずべき業務に関連する費用としての性格をも有する家事関連費については、所得税法施行令96条において、①その主たる部分が事業所得を生ずべき業務の遂行上必要であり、かつ、その必要である部分を明らかに区分することができる場合には、当該部分に係る経費を必要経費に算入できるものとし、②青色申告者については、その主たる部分が事業所得を生ずべき業務の遂行上必要であるかどうかを問うことなく、取引の記録等に基づいて事業所得を生ずべき業務の遂行上直接必要であったことが明らかにされる部分に係るものに限って必要経費に算入することができるものと規定している。

　したがって、家事関連費の必要経費性の判断については、納税者にお

45

いてその業務関連性及び業務必要性を明確にする必要がある。

3．裁判所の考え方

本CASEと同様の事象について争われた事例としては、大阪高裁令和
2年5月22日判決が挙げられる。

裁判所は、柔道整復師の資格取得は、生涯にわたって柔道整復を業と
して行い、収入を得ることができる業務独占資格を獲得したものであ
り、期間の限定なく、他の居住者ないし法人と雇用契約を締結して給与
収入を得ることなどができるなどの地位を得たものと考えられ、本件支
払額は、当該地位を得るための対価として支出されたものという側面が
濃厚であると言わざるを得ないとした。

そのうえで、「本件支払額が必要経費に算入されるためには、そのう
ち、本件接骨院に係る業務の遂行上必要である部分を明らかに区分する
ことができること及びその金額、又は取引の記録等に基づいて本件接骨
院に係る業務の遂行上直接必要であったことが明らかにされる部分があ
ること及びその金額を明らかにする必要があるにもかかわらず、控訴人
はいずれについても具体的な主張立証をしていない」と指摘した。

なお、このケースにおいて納税者は、所得税法57条の2における「給
与所得者の特定支出の控除の特例」において、業務独占資格取得費用等
における特例の適用が可能である点を挙げ、事業所得についても同様の
取扱いがなされるべきと主張している。しかし裁判所は、本特例では給
与所得者の勤務形態の変化や確定申告の機会拡大を図るといった観点か
ら、所定の要件の下で実額控除が認められていることから、事業所得に
おける必要経費と同様に扱うことはできないとしている。

46

立証のポイント・注意点

　裁判所は、業務の具体的内容、性質等を前提として、以下の諸事情を考慮して判断するものとしている。
　① 事業者が当該費用を支出した目的。
　② 当該支出が業務に有益なものとして収入の維持又は増加をもたらす効果の有無及び程度等。
　つまり、納税者が資格取得費を支出した目的は事業拡大であるものの、各年当時の収入の維持又は増加と期間的な対応が不明確であるため納税者に対して明確な区分を求めたものと考えられる。
　税務調査の際には、この明確な区分は、納税者において行う必要があるため注意が必要である。

図表1-8　青色申告者の必要経費該当性の判断

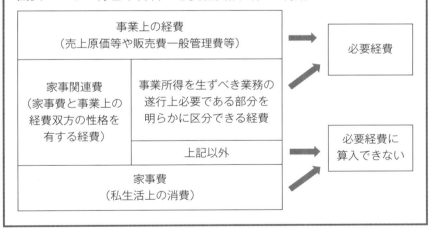

補　足

　裁判において納税者は、資格取得費の支出が繰延資産（開業費又は開発費）に該当する旨の主張も行っている。しかし、裁判所は資格取得が期間の限定なく獲得したものであることから、繰延資産に係る支出の効果の及ぶ期間を具体的に特定するのが困難であること等を理由にこの主張を斥けている。

参考裁判例

大阪地判令和元年10月25日：TAINS・Z269 − 13330
大阪高判令和2年5月22日：TAINS・Z270 − 13408
最決令和3年2月19日（棄却・不受理）：TAINS・Z271 − 13525

（茂垣　志乙里）

第 1 章　所得税法

II ひとり親控除の範囲 ― 寡婦控除とひとり親控除の接点―

CASE

　私は独身で、法律上の婚姻をしたことがありません。２人の子の親権者であり、子と生計を一にする母子世帯です。子は働いておらず、私の給与収入金額600万円で養育しています。法律上の婚姻の壁がなくなったと伺ったのですが、私は、ひとり親控除が適用されますか。

=== ここが分かれ目 ～判断のポイント～ ===

　寡婦（寡夫）控除は、ひとり親控除に改正後、事実婚の除外が明文化され、法律婚を経たか否かに関わらず、また性別を問わず、所得要件が課されている。ひとり親控除の要件は、①納税者と事実上婚姻関係と同様の事情にあると認められる者が存在せず、②現に婚姻をしていない又は配偶者の生死の明らかでない者で、③生計を一にする子を有し、④合計所得金額が500万円以下である―ことの四要件を満たす必要があることから、その充足の可否を検討する必要がある。

A

　ひとり親控除の適用の可否は、その年の12月31日の現況により判定をします（所法85）。お一人でお子様を養育されているとのことですが、事実婚と同様の事情にあると認められる方や合計所得金額が500万円を超える場合には、ひとり親控除が適用されません。

49

解　説

1．人的諸控除の意義

　所得税法は、個人の実質的な担税力に即した課税を実現するために、所得控除の制度を設けている。

　所得控除のうち、人的諸控除（所法79以下）は生存権保障（憲法25①）の現れでもある。人的諸控除は、納税者の担税力を増加させる課税所得のうち、本人及びその家族が健康で文化的な最低限度の生活を維持するのに必要な部分は担税力を持たないことから、納税者の人的事情に応じて課税所得から法定金額を控除するものである。所得税が、人的事情を反映する人税と言われる所以でもある。

　寡婦（寡夫）控除（旧所法81、旧所法2①三十、三十一）制度は、従来から存在し、令和2年度税制改正で寡婦控除（所法80）及びひとり親控除（所法81）へと改正された。その法律上の効果としては、寡婦控除は27万円の所得控除が、ひとり親控除は35万円の所得控除が生じる。旧所得税法の寡婦控除は、① 配偶者と死別もしくは離婚し婚姻をしていない又は配偶者の生死が不明であることを前提に、② 扶養親族その他その者と生計を一にする子を有することが要件であった。一方で、旧所得税法の寡夫控除では、寡婦控除の二要件に加えて合計所得金額が500万円以下であるという所得要件を課していた。つまり、寡婦と寡夫の控除要件の間には、性別に基づく差異が存在した。

2．参照裁判例

　旧所得税法の寡婦にはない所得要件を寡夫についてのみ定める法的区別が、憲法14条1項に違反し、無効であるか否かを争点とした事例がある（東京高判令和4年1月12日）。

　裁判所は、憲法14条1項が、国民に対して合理的理由なくして差別することを禁止する趣旨であり、国民各自の事実上の差異に相応して法的取扱いを区別することは、その区別が合理性を有する限り、同規定に

違反するものではないと解した。そのうえで、租税の公益性、技術性、専門性及び社会政策等の観点から、立法府の裁量的判断を尊重するという立場を明らかにし、立法目的の正当性と法が具体的に採用する区別の態様が目的との関連で著しく不合理であるか否かという、合理性の基準により憲法適合性を判断すると判断基準を示した。寡婦等控除制度は、配偶者と離婚等をした後の職業選択の制限又は所得を得るために特別の労力や支出を要することに配慮したもので、財政面の制約を考慮しつつ寡婦にのみ認めた所得控除を必要な範囲で寡夫にも及ぼすという立法目的に照らすと、寡夫控除の所得要件は不合理ではないと判示した。

３．寡婦（寡夫）控除からひとり親控除への改正

旧所得税法の寡婦（寡夫）控除は、子を扶養する独身者を対象とするひとり親控除へと改正され、要件の統一化が図られた。改正前は、過去に法律婚を経なかった者は、その事実により寡婦（寡夫）控除の適用要件を満たさないものとして適用除外され、法律婚を経た独身者に限定されていた。改正後は、法律婚の経歴の要件が廃止され、婚姻歴の有無や性別にかかわらず、現状、生計を一にする子を有し、所定の所得要件を満たすひとりで子を養育する親に同一の所得控除を適用し、他方で、扶養親族のない死別寡婦のみを残す形で同制度の間口を広げた。

当該改正の趣旨は、子どもの貧困及び婚姻歴のないひとり親にも対応することが必要であって、また性別により所得税法上の取扱いが異なるのは不公平であり、女性にも男性同様の所得要件を課すべきことを踏まえ、婚姻歴の有無による不公平とひとり親の性別による区別の不公平を同時に解消し、全てのひとり親にとっての公平な税制を実現することにある。

なお、旧所得税法の寡婦控除には、上記の基準の他に、第二の寡婦の基準が存在し、①夫と死別した後婚姻をしていない又は夫の生死の明らかでない者で、②合計所得金額が500万円以下である者は、扶養要件を満たさなくても控除対象であった。改正後は、当該第二の寡婦控除の基

準は、ひとり親に該当せず、かつ、納税者と事実婚と同様の事情にあると認められる者がいないことが明確化されて寡婦控除として存続する。ただし、配偶者との離別の場合には、扶養親族を有することが要件として加えられ、死別（生死不明）については旧法の要件が維持されている。

図表１－９　ひとり親控除と寡婦控除の適用要件

・寡婦（寡夫）控除（改正前旧所法81）

⇒寡婦控除（改正後所法80）及びひとり親控除（改正後所法81）に改正

・ひとり親控除の四要件（所法２①三十一）

⇒①納税者と事実上婚姻関係と同様の事情にあると認められる者が存在しない

　②現に婚姻をしていない又は配偶者の生死が明らかでない者

　③生計を一にする子を有する

　④合計所得金額が500万円以下である

・寡婦控除の要件（所法２①三十）―上記ひとり親控除の適用を除く―

⇒ⅰ①夫と離婚した後婚姻をしていない者で、事実上婚姻関係と同様の事情にあると認められる者が存在しない

　②扶養親族を有する

　③合計所得金額500万円以下である

⇒ⅱ①夫と死別又は生死の明らかでない者

　②事実上婚姻関係と同様の事情にあると認められる者が存在しない

　③合計所得金額500万円以下である

立証のポイント・注意点

① 寡婦控除・ひとり親控除に改正後、事実婚の除外が明文化され、法律婚を経たか否かに関わらず、また性別を問わず、合計所得金額500万円以下の所得要件が課されている。
② 寡婦控除・ひとり親控除の適用の可否は、その年の12月31日の現況により判定する（所法85）。
③ 婚姻の成立は、民法上の婚姻禁止事由に該当しない（民法731以下）、当事者の婚姻の意思（民法742）と婚姻の届け出（民法739）の手続に拠るが、寡婦控除には法律婚の壁が存続する。

補 足

　寡婦控除及びひとり親控除の事実上婚姻関係と同様の事情にあると認められる者の要件は、従来の事実婚の除外要件を明文化したものといえる。民法上は、当事者による届け出の形式手続がなく、婚姻の意思と共同生活が存在する場合を事実婚とするが、寡婦控除該当性を争点とする事例では、戸籍法の戸籍及び住民票によって判断していた（国税不服審判所裁決平成19年2月26日裁決事例集73集226頁：TAINS・J73－2－13）。現行法は、住民票の記載事項により判断する（所規1の3、1の4）。ひとりで子を育てている事実を担税力測定基準の所得に反映することから、要件事実の判断の際に当該報告文書（証書）により事実を確認する必要がある。

参考裁判例

東京地判令和3年5月27日：TAINS・Z271－13570
東京高判令和4年1月12日：TAINS・Z272－13653

（山本　直毅）

12 ふるさと納税 ―返礼品の調達価格と処分見込相当額の接点―

CASE

　私は今年、複数の地方公共団体に対して、ふるさと納税をしました。各地方公共団体からは、ふるさと納税をしたことに対する謝礼として、寄附額に応じて返礼品の送付を受けました。

　ふるさと納税をした場合には、その一定額が所得税額の計算上、寄附金控除として所得控除をされることは理解していますが、地方公共団体から受け取った返礼品が一定額を超える場合には、返礼品に対して所得税が課されると聞いています。所得税の確定申告において、ふるさと納税の返礼品はどのように取り扱われるのでしょうか。

ここが分かれ目 ～判断のポイント～

　ふるさと納税の返礼品に係る経済的利益は所得税の課税対象となり、一時所得に分類されることになる。一時所得の金額の計算において、その経済的利益をいかに評価して総収入金額に計上すべきか、そして、いつ計上すべきかが問題となる可能性がある。

A

　納税者は地方公共団体からふるさと納税の返礼品を贈与により取得したとされますので、納税者の担税力を増加させる返礼品に係る経済的利益は所得税法上、課税対象となる所得であり、具体的には、一時所得に分類されることになります。

　問題は、返礼品に係る経済的利益＝時価をいかに評価し、一時所得の総収入金額に計上するかですが、地方公共団体における返礼品の調達価格により算定すべきであると考えられます。この際に、返礼品の調達価格により算定した総収入金額が一定額を超える場合に

54

第1章　所得税法

　は、所得税が課されることになります。

　　また、返礼品に係る経済的利益の額は、返礼品が納税者の住所地
　等に到着した日（又は到着したと合理的に認められる日）の属する
　年分において、総収入金額に計上すべきであると考えられます。

解　説

　所得税法78条2項1号、地方税法37条の2第1項1号及び同法314
条の7第1項1号の規定による寄附は、ふるさと納税と呼ばれている。
ふるさと納税をめぐっては、多くの地方公共団体が、地元の名産品等を
返礼品として送付しており、納税者側からみると、返礼品は、寄附先と
なる地方公共団体を決定する際の要素の一つとなっている。

1．税法における考え方

　返礼品は、地方公共団体が謝礼としてふるさと納税をした個人に送付
するものであり、納税者は、地方公共団体からの贈与により返礼品を取
得したとされる。

　包括的所得概念を採用する所得税法における所得は、納税者の担税力
を増大させる経済的利益を指す。所得税法36条1項は、各種所得の金
額の計算上収入すべき金額又は総収入金額に算入すべき金額は、金銭以
外の物その他経済的な利益の価額も含まれると規定している。所得税法
9条に規定する非課税所得に掲げられていない返礼品に係る経済的利益
は、課税対象となる所得に該当する。

　そして、返礼品に係る経済的利益は、利子所得、配当所得、不動産所
得、事業所得、給与所得、退職所得、山林所得及び譲渡所得のいずれの
所得にも該当せず、営利を目的とする継続的行為から生じた所得以外の
一時の所得で労務その他の役務又は資産の譲渡の対価としての性質を有
しないことから、所得税法34条1項に規定する一時所得に該当する。

　問題は、返礼品に係る経済的利益をいかに評価し、一時所得の総収入

55

金額に計上すべきか、そして、とくに暦年終了(年末)にふるさと納税をし、翌年に返礼品の送付を受けた場合には、どの年分の総収入金額に計上すべきかである。

図表1－10　ふるさと納税の返礼品をめぐる課税関係のポイント

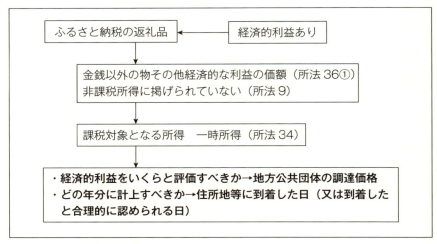

2．類似する参考事例

　ふるさと納税の返礼品に係る経済的利益について、一時所得の金額の計算上、総収入金額に算入すべき金額はいくらかが争われた事件がある(国税不服審判所裁決令和4年2月7日)。審査請求人は、総収入金額に算入すべき金額は、事業の広告宣伝のために支払われる商品と同様に、所得税基本通達36－20及び同通達205－9の定めに基づいて、返礼品の調達価格に60％を乗じた価額相当額(いわゆる処分見込相当額)によるべきであると主張した。

　審判所は、返礼品を選定し調達を行う地方公共団体が、返礼品の価値を最も理解していると考えられるとして、返礼品に係る経済的利益の価額は、地方公共団体が謝礼(返礼品の調達・提供)のために支出した返礼品の調達価格を算定の基礎とすべきであるとした。そして、当該価額

第1章　所得税法

を収入すべき時期は、返礼品が請求人の住所地等に到着した日（又は到着したと合理的に認められる日）の属する年分とすべきであるとの判断を下した。

３．その他の注意点

　裁決の判断を踏まえると、ふるさと納税の返礼品に係る経済的利益の価額は、返礼品を送付した地方公共団体の調達価格により算定されることになる。なお、送料については、裁決は、その金額を特定することができる場合には、調達価格に算入しないとしている。

　一時所得の特別控除額は50万円であることから（所法34③）、地方公共団体の調達価格で算定した経済的利益が50万円を超える場合には、所得税が課される可能性がある。

　地方公共団体から受ける利益には、例えば、定住促進を目的とする住宅取得に対する補助金や、最近では、Go Toキャンペーンや全国旅行支援における補助金などがあり、これらも返礼品と同様に一時所得の対象となるものがある。

立証のポイント・注意点

① 　所得税法９条に規定する非課税所得に掲げられていない、ふるさと納税の返礼品に係る経済的利益は所得税の課税対象であり、一時所得に該当する。

② 　ふるさと納税の返礼品に係る経済的利益の価額は、返礼品を送付した地方公共団体の調達価格により算定されるが、一方で、納税者が調達価格を調べることは容易ではない。

③ 　ふるさと納税の返礼品は、補助金と異なり、金額が不明であることが多いことから、地方公共団体の調達価格を調べる際には、返礼品の上限額が一つの目安となる。

補　足

　ふるさと納税の返礼品に係る経済的利益が一定額を超える場合には所得税が課される。

　ふるさと納税では、寄附金控除や、魅力的な返礼品という納税者にメリットがある点に注目が集まるが、寄附に対する謝礼である返礼品は地方公共団体からの贈与であり、その経済的利益は所得税の課税対象であることには注意されたい。

参考裁決事例

国税不服裁判所裁決令和4年2月7日：TAINS・J126－1－02

（谷口　智紀）

第1章 所得税法

13 資産の譲渡と取得費の控除 ―生活に通常必要な資産と必要でない資産の接点―

CASE

　私は趣味で高級時計を何台か持っていますが、コレクターと言えるほどではなく、普通に日常生活で腕時計として利用していました。この度、6年前に70万円で購入した時計を売却して、新たに250万円の時計を購入したいと思っています。販売店では今の時計を160万円で買い取ってくれるとのことですので、契約しました。家事用で利用していた時計ですが、確定申告等が必要なのでしょうか。

ここが分かれ目 ～判断のポイント～

　個人の通常の生活で必要とされる什器や家具などの譲渡は非課税とされる（所令25）。通勤に使用している車も国税庁のホームページや裁決例では、この中に含まれている。

　高級時計においては、材質が明らかなことが明白なので、省令で定められている貴金属製品に該当してしまうか否かは判断がしやすい。昨今、高級時計の金額が非常に高額となっており、設例の10倍、1,600万円等の買取り広告すら目にするようになっているが、そこまで高額となると美術工芸品に該当するのか否かの別の判断が必要となってくる。

A

　売却した時計は、金額こそ高額ではありますが、生活に通常必要な資産に該当しています。令和6年4月の現行法では非課税のため、申告義務はありません。時計が一般的なステンレス製やチタン製ではなく、金無垢やダイヤ付き、歴史的価値のある時計の場合には、貴金属製品や美術工芸品に該当すると考えられ、生活に通常必要では無い資産（所令25①、②）となりますので、総合譲渡とし

59

ての所得税の申告が必要となります。

解　説

　物不足かつ物価上昇により、値段がどんどん上がっているので、高級時計や高級スポーツカーの売却によりキャピタルゲインを得た方も少なくは無い。個人でも取引を頻繁に行っているのであれば、それは業として行っていることになるので、事業所得か雑所得（事業）となる。

1．生活に必要でない資産の取扱い

　生活用であれば申告は不要であるが、貴金属製品に該当する場合には、申告にあたって少々の注意が必要になる。長期総合譲渡所得の計算は、（譲渡価額－（取得費＋譲渡費用）－50万円）×1/2とされているが、事例が金無垢時計であったとするならば、6年間使用した償却費相当額を取得費から控除しなければならないため、70万円×0.9×償却率0.067（耐用年数10年の非事業用1.5倍）×6年＝253,260円が償却費相当額となるので、（160万円－（70万円－253,260円）－50万円）×1/2＝326,630円が長期総合課税譲渡所得の金額となる。税理士が毎年のように取り扱う家屋の譲渡所得と類似した計算を総合譲渡においても行うことが必要となるのだが、この取得費控除（償却費計算）は失念しがちとなるため申告時に忘れないで頂きたい。

2．高級スポーツカーの場合

　高級スポーツカーの場合は譲渡所得が非課税となることは難しいと思われる、所得税法施行令25条には乗用車やオートバイなどは記載されていない。課税庁が通勤用の乗用車は日常生活に必要な動産として取り扱ってよいとしているだけで、子どもの学校等への送り迎えに利用している車でも、通勤には使用していないため雑損控除が否認された事例すらある。レジャー用の車は生活に通常必要な動産には当たらないとの判断が出ているので、納税者の車の利用状況をよく理解したうえで、申告

第1章　所得税法

を検討してほしい。

図表1－11　総合譲渡の取扱い

	課税・非課税	償却の有無	控除の要・不要	対象資産の例
生活に通常必要な資産の譲渡	非課税			通勤用乗用車、日常利用の時計
生活に通常必要ではない資産の譲渡^(注1)	課税	減価しない資産^(注2)	償却費控除不要	美術品等、ストラディバリウス、マリーアントワネットの時計、ゴルフ会員権
		減価する資産	償却費控除必要	通勤には利用し難い高級スポーツカー、レジャーボート

（注1）　主として趣味、娯楽、保養又は鑑賞の目的で所有する不動産以外の資産
（注2）　時の経過によりその価値の減少しない資産

3．参考裁決事例

　平成27、28年の間に4台のフェラーリを売却していたことを申告から除外していた納税者に対して、課税庁は償却費相当額の取得費控除を行って譲渡所得を計算し直して更正処分等を行った。納税者はF50や512TRは限定車で希少価値が高く、代替が効かない物であるから、美術品と同様に減価しない資産であるとして、取得費控除の減額分の取消しを求めた。

　所得税法38条2項は、譲渡所得の金額の計算上控除する資産の取得費について、譲渡所得の基因となる資産が「使用又は期間の経過により減価する資産」である場合には、同法49条1項の規定に準じて所定の

61

方法により算定したその資産の減価の額を取得費から控除した額とする旨規定している。この点、「時の経過によりその価値の減少しないもの」については、所得税基本通達2－14が、古美術品、古文書、出土品、遺物等のように歴史的価値又は希少価値を有し、代替性のないもの等がこれに当たると定めている。F50は349台、512TRは2,261台生産され、売却時点においても20年程度経過したにすぎない、入手しにくい車両であるとしても、歴史的価値又は希少価値を有して代替性のないものであるとまではいえず、他方で、各車両が登録したナンバープレートを表示して公道を走行していたことからすれば、使用する目的で購入されたことが認められるから、かえって「時の経過によりその価値の減少しないもの」に該当するとはいえない事情が存在する。車両は「使用又は期間の経過により減価する資産」に該当する。

 立証のポイント・注意点

① 最初の判定に注意
　生活に通常必要な資産であるか否かの入口を間違えてはいけない。非課税なのか課税なのかがそもそも異なる。
② 生活に通常必要な資産
　生活に通常必要な資産でかつ高額な資産だとするならば、普段使いをしている証拠を十分に用意しておくことである。
③ ミスに注意
　事業所得で申告している個人の場合には、家事費として損金に算入していなかった部分も含めて総合譲渡の対象になる。この場合の償却費計算は間違いやすいので注意が必要である。

第1章　所得税法

補　足

　総合譲渡は事業所得の車両の入れ替えで頻出する作業となるのだが、事業所得の集計には注意を払えても、申告書で総合譲渡の記載を失念してしまう可能性が多々あるので、ミス無く集計・申告する工夫が必要である。昨今は高額な買い取り事例も多いので慎重な判断が求められる。

参考裁決事例

国税不服審判所裁決令和2年3月10日：TAINS・F0－1－1259
東京地判令和5年3月9日：TAINS・Z888－2508
東京高判令和5年11月30日：TAINS・Z888－2642

（小野木　賢司）

14 相続した借地権設定土地の譲渡 ―借地権譲渡と取得費加算の特例との接点―

CASE

　相続した土地に借地権を設定し権利金を受領したため譲渡所得の申告をします。その土地を相続した際に相続税を納めており、土地は貸家建付地として評価されていました。

　相続財産を譲渡した場合の取得費加算の特例の計算を行う際、今回譲渡した借地権の評価については土地の評価額そのままではなく、評価額に借地権割合を乗じて借地権部分を計算する必要がありますか。

　借地権割合を乗ずる場合、貸家建付地評価の計算で既に借地権割合が考慮されており貸家建付地評価に借地権割合を乗ずると借地権を二重に考慮することになってしまいます。そのため、自用地として評価した価額に借地権割合を乗じて計算した価額を基に相続税の取得費加算計算を行おうと考えていますが、それで良いでしょうか。

=== **ここが分かれ目** ～判断のポイント～ ===

　「譲渡をした資産の課税価格の計算の基礎に算入された価額」とは、相続税の課税価格の計算の基礎に算入された価額のうち譲渡をした相続財産に対応する部分をいう。

A

　取得費に加算して控除できる金額は、「その譲渡した土地等に対応する相続税に相当する金額」です。そのため、借地権設定の場合、土地全体を譲渡したのではなく借地権設定しただけですので、対応する相続税を計算するには土地の評価額に借地権割合を乗ずる必要があります。また、その際の評価額は相続税額計算に用いられた評価額となり、この事例の場合、貸家建付地としての評価額に借

64

第1章　所得税法

地権割合を乗じて計算することとなります。

解　説

1．相続税の取得費加算の趣旨

　土地全体の内、借地権部分の譲渡であり、相続税の取得費加算計算の対象となるのは相続税評価額の内、借地権対応部分のみとなる。そのため、当該土地の評価額に借地権割合を乗じて権利金を受領した借地権に対応した相続税額を求める必要がある。

　相続税の取得費加算特例は、相続税の課税対象となった財産の譲渡が相続直後に行われる場合に、相続税と所得税が相次いで課されることによる負担の調整を図るため、譲渡をした財産に係る相続税相当額をその譲渡所得の金額の計算上、取得費に加算する特例である。

2．借地権譲渡と取得費加算

　このような相続税の取得費加算の趣旨からすると相続税を計算する際に用いられた評価額を基に計算することが当然の流れである。相続税申告時の評価額は土地全体の評価額でありそれが貸家建付地としての評価だったというだけである。取得費加算の特例を適用する際にはその内、今回譲渡した借地権に対応した評価額に相当する部分を計算する必要があり、貸家建付地評価としての評価だったとしてもその内の借地権相当部分を求めることとなる。

65

図表1-12

3. 参考事例における裁判所の判断

借地権設定の際に相続税の取得費加算が問題となった東京高裁令和4年3月24日判決では次のように判断されている。

評価通達上、貸家建付地としての評価の際に、借地権割合が考慮されるのは、家屋の借家人は家屋に対する権利を有するほか、その家屋の敷地についても、家屋の賃借権に基づいて、家屋の利用の範囲で、ある程度の支配権を有していると認められ、逆にその範囲において地主は、借家人による敷地の利用についての受忍義務を負うことになるため、実際に地主が、借家人の有する支配権を消滅させるためには、いわゆる立退料の支払いを要する場合もあり、また、その支配権が付着したままの状態でその土地を譲渡するとした場合にはその支配権が付着していないとした場合における価額より低い価額でしか譲渡することができないと認められると考えられているためであるが、そこで評価の対象とされているのは飽くまで当該土地の全体である。これに対し、本件譲渡所得に係る「当該譲渡をした資産の当該課税価格の計算の基礎に算入された価額」の算定に当たり借地権割合を考慮するのは、上記のようにして評価された貸家建付地としての本件各土地全体の評価額のうち、譲渡をした相続

財産である本件各借地権に対応する部分の価額を算定し、これにより相続税額のうち取得費加算の対象となる部分を明らかにするためである。

以上のとおり、本件各土地を貸家建付地として評価する際に借地権割合が考慮されることと、本件譲渡所得に係る「当該譲渡をした資産の当該課税価格の計算の基礎に算入された価額」の算定に当たり借地権割合を考慮することは、その目的を異にするものであり、借地権割合を二重に評価するものであるということはできない。

立証のポイント・注意点

① 取得費に加算して控除できる金額が「その者が相続したすべての土地に対応する相続税に相当する額」とされていた時期もあるが、現在では改められている。
② 参考事例は借地権という形での土地の一部譲渡であり売却したその土地にかかる相続税のみが取得費加算の対象となる。
③ 相続した上場株等を一部売却した場合でも取得費加算の特例の適用は可能であり、その計算には注意が必要である。

参考裁判例

東京地判令和3年10月12日：TAINS・Z271－13617
東京高判令和4年3月24日：TAINS・Z272－13692

（髙木　良昌）

15 投資一任契約による資産運用 ―外貨の交換と為替差損益の接点―

CASE

　海外の金融機関と投資一任契約を結び資産運用をしています。一任先の金融機関が資産の組換え時にユーロで有価証券を購入するため一任口座の米ドルをユーロへ交換し、実際にそのユーロで有価証券を購入しました。

　ユーロ建てで有価証券を購入するために預貯金を米ドルからユーロへ交換しただけであり、有価証券のポートフォリオを形成するという投資一任契約の目的を達成するための準備行為に過ぎず、この米ドルからユーロへの交換からは所得は生じないと思っていましたが、税務署からこの米ドルからユーロへの交換時に為替差損益（雑所得）が生じていると指摘を受けました。どのように対応すれば良いでしょうか。

=== ここが分かれ目 ～判断のポイント～ ===

　単なる準備行為にすぎず所得が発生しないといえるかどうかは、取引の前後で保有資産の内容に実質的な変更があるといえるかがポイントとなる。

A

　米ドルからユーロへの交換は外国通貨で支払いが行われる取引に該当します。一任先が有価証券購入のために行った行為だとしても米ドルの為替変動リスクの影響を受けないユーロという他の種類の外国通貨の取得をしたわけで、日本円から米ドルに交換した時点からユーロに交換する時点までの含み益が実現したと考えられ、これを所得として認識することとなります。

68

第1章　所得税法

解　説

　外貨を邦貨に交換した場合に為替差益が生じる場合には為替差益を所得として認識する。参考となる事案では投資一任契約の中で資産内容の組換え時に現に保有している外貨とは別の外貨で有価証券を購入するために外貨の交換が行われていた。

1．保管契約のための金地金交換

　納税者は有価証券を購入するための準備行為であり、外貨交換時点では資産内容に変更はないと主張していた。所有している金地金を保管業者に預けるために保管業者作成の金地金と交換したがその交換については取引の前後で資産内容に変更はなく、保管するための単なる準備行為にすぎないとして所得は認識しないとした事例がある（名古屋高判平成29年12月14日：TAINS・Z267－13099）。

2．外貨交換と為替差損益

　金地金を保管するための金地金同士の交換であれば資産内容に実質的な変更はない。外貨もＡ銀行に預けていた外貨を払い出し、Ｂ銀行へ預け替える場合には外貨建取引には該当せず為替差益を認識する必要はないとされている。しかし、外貨から別の外貨への交換の場合、金と金の交換と同様ではなく米ドルからユーロと資産内容は明らかに変わることとなる。どちらも同じ外貨であるというわけにはいかないだろう。それがたとえ有価証券購入のための準備だったとしても、目的にかかわらず外貨から別の外貨への交換はその交換時点で邦貨換算し為替差益を認識することとなる。

3．参考事例における裁判所の判断

　参考となる同様の事例である東京地裁令和4年8月31日判決では次のように判断している。

　各取引に係る為替差損益が各取引によって新たに得られる経済的利益であるといえるかについて検討するに、外貨建取引を行った居住者の所

69

得の金額を計算するにあたっては、当該外貨建取引を行った時における為替レートにより、当該外貨建取引の金額を円換算することとされているところ、各取引は、いずれも外国通貨で支払いが行われる取引であり、外貨建取引に該当することからすると、各取引によって新たに経済的利益が得られるといえるか否かについても、その円換算額によって判断すべきことになる。そして、各取引前後の状況を円換算額に引き直してみると、ある外国通貨（A）により他の種類の外国通貨（B）を取得する取引については、当該他の種類の外国通貨（B）の取得価額の円換算額から当該外国通貨（A）の取得価額の円換算額を控除した差額が正の値であるときは、その取引によって、新たな経済的利益が得られたことになり、所得が生ずることになる。

　上記の円換算額の計算にあたっては、当該外貨建取引を行った時における為替レートによることとされているから、ある外国通貨（A）によって取得される他の種類の外国通貨（B）や有価証券の取得価額の円換算額については、それらが取得された取引時点の為替レートによる円換算により計算されることになる。これに対し、そのために支払われる外国通貨（A）の取得価額の円換算額については、外国通貨（A）以外の種類の外国通貨又は通貨以外の資産により外国通貨（A）が取得された取引時点の為替レートによる円換算により計算されることになる。前者の時点は対象となる各取引がされた時点であるのに対し、後者の時点はそれよりも前の時点となるところ、為替レートが日々変動していることに加え、異なる種類の外国通貨はそれぞれ異なる為替変動リスクの影響を受けていることからすれば、両時点における為替レートは通常一致せず、その結果、上記の差額が生ずることになり、為替レートの変動によっては、当該差額が正の値を取ることも十分にあり得る。

　なお、外貨建ての預貯金の元本及び利子を約定した率により他の種類の外国通貨に換算して支払う取引についても、これに伴う為替差損益について、支払者に所得税の源泉徴収義務が課せられることからすれば、

70

当該為替差損益から所得が生ずることが前提とされている。このことからすれば、所得税法においては、外国通貨を邦貨に換金する取引（以下「円転取引」という。）でない取引に係る為替差損益からも所得が生ずることが前提とされているといえる。そのため、各取引は、円転取引を含まない取引であるが、そのことは、各取引に係る為替差損益から所得が生ずると解することの妨げとはならない。

立証のポイント・注意点

① 有価証券購入のための準備行為であったとしても外貨交換時には為替差損益を認識しなければならない。
② 特定口座における譲渡損益と異なり為替差損益は国内の証券会社であったとしても自身で認識し計算しなければならず注意が必要である。

補　足

　投資環境の整備が進み、以前より海外投資が身近となった。海外銀行の一任口座などを契約しなくても国内の証券会社から誰でも同じような取引が可能である。ただし、納税環境の整備が追いついているとはいえない。為替差損益が発生していないか、取引履歴の確認や納税者へのヒアリングの重要性が増々大きくなってきているといえる。

参考裁判例

東京地判令和4年8月31日：TAINS・Z272－13749

（髙木　良昌）

第 **2** 章

法人税法

16 リベートと所得の帰属との接点

CASE

当社の代表取締役は取引先よりリベートとして金銭を受領していましたが、当人はこれについて取引先からの個人的な支払い（賄賂）であると認識しており、会社の収入とはせず、個人の所得と判断していました。

その後、税務調査において課税庁から当該リベートは当社取引先から仕入れの一定割合が発注権者である代表者に対して割り戻されているものであり、当社に対するリベートに該当するため、当社の雑収入として計上すべきであるとの指摘を受けました。

当該リベートは代表者個人に帰属するものというべきであって、会社に帰属するものとはいえないと考えていますが、課税庁からの指摘のように、リベートは会社の雑収入として計上すべきでしょうか。

=== ここが分かれ目 ～判断のポイント～ ===

リベートが誰に帰属するものであるかは、リベートを得ていた個人の認識だけではなく、リベートが支払われることとなった経緯や目的、支払いの根拠や算出方法、現実に授受した者の地位・権限、事業との関連性の程度、取引関係者の認識、使途等、リベートの授受に関する諸般の事情を総合的に考慮して判断することとなる。

A

リベートが取引に関連したものであり、会社に帰属するものと総合的に判断される場合には、個人が受領し費消してしまっていたとしても本来は法人が受領すべきものであり、そのリベートは法人の雑収入として計上することとなります。

第 2 章　法人税法

解　説

　リベートを受領していた本人が個人的なものと認識し、会社に報告せず費消してしまっていたとしても、その実態が会社間の取引に関連したリベートであったのであれば、それは個人に帰属するものではなく、会社に帰属するべきものとなる。ただ、本人（CASEの場合、代表者）が費消してしまっているため、会社としてはリベートを受け取ることができていない。その損失については、代表者に請求することとなる。

　通常、受領していた者の会社内での地位や金額の計算方法等から誰に帰属するべきものなのかを総合的に判断することになるが、仕入れの一定割合のバックリベートを発注権者でもある代表者が受けていることから、会社が受け取るべきリベートであったといえる。

１．リベートが会社ではなく個人に帰属するとされた事例

　リベートが会社内での地位や事業から離れて個人的に支払われたものである場合には、会社ではなく個人に帰属することとなる。実際、仕入れが入札で行われていた法人で発注権者でもない従業員が仕入先から受け取っていた金銭は、法人ではなく個人に帰属するものとされている（仙台地判平成24年2月29日：TAINS・Z262－11897）。

２．リベート帰属の考え方

　代表者が取引に関連して個人的に受領していたリベートは会社に帰属するものと考えるのが自然であるが、従業員が個人的にリベートを受領していた場合には、その従業員の権限や指揮命令系統、取引先との関係性、リベートの算定根拠等を総合的に勘案し、会社に帰属するものなのか、個人に帰属するものなのかを判断することとなる。

３．参考事例における裁判所の判断

　参考となる同様の事例である大阪地裁令和元年12月5日判決では次のように判断している。

　法人税法の課税標準の計算上、事業から生じた収益に係る所得が誰に

75

帰属するかについては、実質上その収益を誰が享受するかによって判断すべきであるところ、バックリベートに係る収益が、当該事業主体である法人に帰属するか、バックリベートを現実に受領した個人に帰属するかの判断にあたっては、バックリベートが支払われることとなった経緯や目的、バックリベート支払いの根拠や算出方法、バックリベートを現実に授受した者の法律上の地位・権限、バックリベートと法人の事業との関連性の程度、取引関係者の認識、バックリベートの使途等、バックリベートの授受に関する諸般の事情を総合的に考慮して、法律上、当該バックリベートを享受する権利ないし地位をいずれが有するかによって判断すべきである。

　本リベートは、取引開始後間もなくの頃から、同取引を円滑に行うことを目的として、約30年もの長期間にわたり継続的かつ定期的にバックリベートの支払いが行われてきた中で、各事業年度において授受されたものであり、このようにバックリベートが長年にわたり授受されてきたことによって、取引関係が維持されてきたものと評価することができる。また、バックリベートは、取引先から、原告において、「専務」や「営業部長」といった相応の肩書ないし地位を有し、発注権限を有していた乙に支払われていたものであり、その後、Aは納税者の代表取締役となってからもバックリベートの支払いを受け続けていたものである。そして、その金額は、納税者が取引先に支払う広告宣伝費等の金額に一定の割合を乗じる方法によって算出されていたというのである。これらの事情によれば、本件リベートは、納税者から取引先に支払われた広告宣伝費等の一部が、両社間の合意に基づいて納税者に割り戻されたものとみるのが自然であるから、納税者と取引先との間の取引に密接に関連するものといえるのであって、納税者の事業から離れてA個人に対して支払われた個人的な謝礼などといった性質を有するものと評価することは困難であると言わざるを得ない。

第 2 章　法人税法

立証のポイント・注意点

① バックリベートが会社のものか、受け取った個人のものかの判断は、バックリベート支払の経緯、目的、根拠、算出方法、現実に授受した者の地位や権限、その使途等、授受に関する様々な事情を総合的に考慮して判断することとなる。

② 従業員が勝手に受け取っていた場合、その従業員に発注権等権限があったかどうかや受け取った金銭が誰の判断で費消されていたかが問題となる。就業規則でリベートの受け取りを禁止しておくことも一つの方法である。

③ 現在、リベートを支払った者がそのリベートについて仕入税額控除を適用するためにはインボイスが必要である。支払う側も受ける側も誰に対して支払ったリベートなのかをはっきりさせなければならない。会社名義のインボイス発行を求められる場合、当然そのリベートはインボイス発行会社に帰属するということになるだろう。

参考裁判例

大阪地判令和元年12月5日：TAINS・Z269 - 13352

（髙木　良昌）

17 | 売上原価と寄附金の接点

CASE

　私は不動産の売買を目的とする会社を経営しており、取引会社に対して1億円の債権を有しています。取引会社は債務超過の状態にあり、長期間にわたり債権を回収することができていません。取引会社から、保有する時価5,000万円の土地を譲渡する代わりに、売買代金5,000万円と債務額1億円を相殺してほしいとの申出を受けています。債権の回収見込みがなく、この申出を承諾したいと考えていますが、土地を棚卸資産として購入し、第三者に売却する際に売上原価1億円として損金の額に算入することは認められますか。

ここが分かれ目 ～判断のポイント～

　棚卸資産の「購入の代価」は、販売の収益に係る売上原価として損金の額に算入することができる。時価よりも高額な売買代金による高額譲受けが行われた場合に、土地の「購入の対価」をどのように評価するかの規定はないが、損金の額に算入することができない可能性がある。

A

　棚卸資産の高額譲受けについては、高額な売買代金と時価との差額が、法人税法37条にいう「寄附金の額」に該当する場合には、損金の額に算入することができないと考えられます。売上原価とは異なる費用や損失の額として損金の該当性を探るべきです。

　長期間にわたり取引会社から債権を回収することができなかったのですから、土地の売買契約を締結した段階において、高額な売買代金と時価との差額を貸倒損失として損金の額に算入することが考えられます。

第 2 章　法人税法

解　説

1．税法における考え方

　相手方から債権や未収金を回収することができない場合には、まずは相手方に対して速やかな返済を求めることになるが、相手方が債務超過の状態などにあり、債権の回収見込みがほとんどないということも少なくない。このような時に、相手方から、所有する資産を譲渡する代わりに、売買代金と債務額を相殺してほしい、とりわけ、資産の時価より高額な債務額を相殺してほしいとの申出があった場合には、いかに考えるべきであろうか。

　例えば、資産の時価が1.5億円、債務額が2.5億円であり、両者を相殺してほしいとの申出に応じる債権者は通常少ないと考えられるが、相手方から債権の回収見込みがない場合や、相手方の倒産の可能性が高まっている場合においては、債権者としてはできる限り多くの債権額を回収するために申出に応じることもあろう。

　では、相手方が所有する土地を時価よりも高額な売買代金で棚卸資産として購入し、高額な売買代金の全額を売上原価として損金の額に算入することはできるのであろうか。ここで問題となるのが、法人税法37条に規定する「寄附金の額」についての損金算入に対する制限である。

79

図表2-1　棚卸資産としての資産の譲受と債務額との相殺

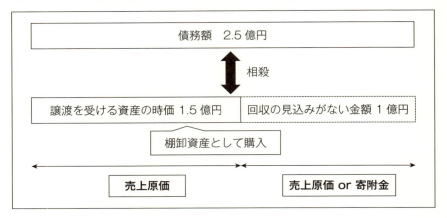

2．類似する参考事例

　納税者が時価を超える額の対価で購入した土地を売却した際に、購入価額の全額を売上原価として損金の額に算入することができるか否かが争われた事件がある（東京地判令和元年10月18日）。

　裁判所は、棚卸資産の「購入の代価」は販売の収益に係る「売上原価」として損金の額に算入することができるが、時価よりも高額な売買代金による高額譲受けが行われた場合に、資産の「購入の代価」をどのように評価すべきかについては、法人税法などに直接の規定はないとした。

　そのうえで、棚卸資産の高額譲受けにおいては、対価の額と資産の時価との差額については、その全部又は一部が「寄附金の額」と評価される場合には、法人税法の適用上、損金の額への算入が制限されるのであるから、その差額は、資産の販売の収益に係る費用として損金の額に算入される「売上原価」とは異質なものであるとした。この事件では、売買価額は土地の時価を超えるものであるから、その差額は、法人税法22条3項1号にいう「売上原価」に該当せず、その差額を「売上原価」として損金の額に算入することはできないとの判断を下した。

本事案では、時価を超える額の対価で土地を購入した年度と、第三者に土地を売却した年度が異なることから、裁判所は、購入価額の全額を売上原価として損金の額に算入することができないと判断したものの、その差額をいかに取り扱うべきかについて言及していない。また、法人税法37条における「寄附金」課税の規定は、時価より低い額の対価で資産を譲渡する低額譲渡について、時価との差額を経済的な利益の供与である「寄附金」と認定し、時価と譲渡金額との差額を益金とするものであり、時価を超える額の対価で資産を譲り受ける高額譲受けについては、法人税法132条1項に規定する同族会社の行為計算否認規定を適用し、売買を否認して時価に引き直して課税すべきであるとの説得力ある主張がある。

3．その他の注意点

　裁判所の判断を踏まえると、相手方から、所有する資産を譲渡する代わりに、売買代金と資産の時価を超える債務額を相殺してほしいとの申出に安易に応じるべきではない。つまり、売買代金と時価との差額は、相手方に対する「寄附金」であると認定されるおそれがあるからである。相手方から債権の回収見込みがない場合には、売買代金と時価との差額に相当する金額は貸倒損失として損金の額に算入することができるか否かを検討すべきである。もっとも、通達が、貸倒損失として損金の額に算入するための厳格な要件を定めていることには注意を要する。

 立証のポイント・注意点

① 　法人税法37条の「寄附金」課税の規定は、低額譲渡だけではなく、時価を超える額の対価で資産を譲り受ける高額譲受けについても適用される。
② 　資産の譲渡をする代わりに、その売買代金と資産の時価を超える債務額を相殺する場合には、その差額は「寄附金」であると認

定されるおそれがある。

③ 相手方から債務の回収の見込みがない場合には、売買代金と時価との差額に相当する金額を、貸倒損失として損金の額に算入することができる否かを検討する。

補　足

　相手方が所有する資産の譲渡を受ける代わりに、資産の時価を超える債務と相殺するにあたっては、当該資産の時価と債権額との差額は、相手方に対する経済的利益の供与として「寄附金」に該当し、損金の額に算入することができない可能性がある。債権額のうち、時価相当額を相殺し、その差額を貸倒損失として計上することができるか否かを検討すべきである。

参考裁判例

東京地判令和元年10月18日：TAINS・Z269 − 13328
東京高判令和2年12月2日（棄却）：TAINS・Z270 − 13490

（谷口　智紀）

第2章　法人税法

18 売上原価の範囲 ―電子マネーの購入対価と売上原価との接点―

CASE

　弊社は、商品の仕入れを行う際に、諸事情から振込みやクレジットカードでの決算手段ではなく、大手ショッピングサイトが発行するインターネット決済用のギフトカード（以下「電子マネー等」とする。）を使って決済を行っており、仕入れた商品は、購入先から販売先に直接納品する形をとっています。そのため、当社側に商品は存在しませんが、当該商品の購入に際し使った電子マネー等に関しては、当社の仕入れとして経理処理を行いたいと思います。この場合、経理処理上、何か問題はありますでしょうか。

ここが分かれ目 ～判断のポイント～

　電子マネー等については、注文履歴以外に決済履歴の確認をできる状況にしておかなければ、全て経費等の支払いに利用されたか否かの確認が取れないため、取引履歴の確認と保存が必須である。

A

　決済手段として使った電子マネー等を仕入れとして経理処理する場合、電子マネー等の全額が商品の仕入れに全て使われたものかどうか確認できるように、記録を残しておく必要があります。

　なぜなら、電子マネー等の残額が残っているケースや、商品の購入では無く、別の目的に利用されるケースも想定されるためです。

　また、そうした電子マネー等の利用に関する記録が保存されていない場合は、仕入れに計上した電子マネー等が、全て購入代金の決済に使われたか否かの確認をすることができないため、電子マネー等の購入対価をもって全額を売上原価として計上することは難しいものと考えます。

83

解　説

1．決済方法の概況

　通常、取引金額の決済は、現金や振込み、手形等で行われることが多いように思われるが、最近では、電子マネー等の決済手段が選択される場合も珍しく無くなってきている。それでも、高額な取引であれば、相変わらず振込み等の手段が選択されることが多く、インターネットバンキング等の利用普及に伴い、現金による決済は減りつつあるように思われる。

2．税法における考え方

　法人税法22条3項では、法人の損金の額に算入すべき金額について、同項1号において売上原価、完成工事原価その他これらに準ずる原価の額、同項2号において販売費、一般管理費その他の費用（償却費以外の費用で当該事業年度終了の日までに債務の確定しないものを除く。）と規定しており、損金の額に該当するか否かは、原価となるか販売管理費となるかによって判断が異なる。

3．本CASEへの当てはめ

　本CASEにおいては、仕入れとあるため売上原価に該当することから、債務の確定の有無については問われないが、そもそも電子マネー等自体が全て仕入れ代金の決済に使われたか否かがわからなければ、電子マネー等の購入対価をもって、売上原価であるとすることはできず、電子マネー等の利用が仕入代金の決済に全額使われたことを証明するため、注文履歴とともに決済履歴も保管することが必要である。

4．類似する参考事例

　本CASEの内容に類似した事例として、国税不服審判所令和4年8月4日裁決がある。

　コンサルティング業務、広告代理業、日用品雑貨の販売、不動産の賃貸等を目的とする法人である納税者は、第三者型前払式支払手段（以下

第2章　法人税法

「本件電子マネー」とする。）を売上原価として外注勘定に計上した。課税庁は、当該支出について、本件電子マネーの使途が不明であるから、損金に算入できないとして更正処分を行った事例である。

これに対し審判所は、納税者が取得した本件電子マネーは、管理表が作成されており、使用実績及び残高がなくなったことの確認事項が記載されていることからすれば、一部については納税者が使用していた事実が認められる。

また、販売先企業のパソコンで受信されたメールに、本件電子マネー購入時に付与される番号が記載されており、販売先企業において自由に使用できる状態にあったことからすると、納税者が本件電子マネーの取得と同時に販売先企業に引き渡された、つまり譲渡されたと認められる取引が存在する。そのため、販売先企業に譲渡したと認められる部分の金額は、販売先に譲渡した棚卸資産に係る取得価額と認められ得るから、売上原価の額に該当し、各事業年度の損金の額に算入されると判断した。

5．その他の注意点

インターネットの普及により、店舗まで出向くことなくオンラインで買い物ができるようになって久しい。

個人から企業まで、価格を比較しながら購入ができるため非常に効率的であるが、反面、多品種かつ大量の商品を一括で購入することには向いていない。

それでも、特定の仕入れルートを持っていない小規模事業者にとっては、オンデマンドで調達することができるため、在庫リスクが低く、効率的であることは間違いない。

しかし、店頭で購入したカード型の電子マネー等が、どのように使われたかといった点については、当該電子マネー等の決済履歴をインターネット経由で見なければ確認できないことから、カード型電子マネー等の購入に関する領収書をもって、全額を仕入れ等として処理を行うことは難しいように思われる。

85

そのため、本CASEでは購入したカード型の電子マネー等がどのように使われ、残高が残っているかどうか確認を行い、仮に残高が残っていれば、その分は控除したうえで仕入れ等の処理を行うことが必要となるため注意されたい。

 立証のポイント・注意点

① 電子マネーを仕入代金等の決済手段として使う場合、当該電子マネーの利用履歴の保管と、購入内容に関する購入履歴も保管する必要がある。
② 電子マネーはあくまでも決済手段のため、購入した時期と利用した時期との間にズレが発生する可能性がある。そのため、決算期末において両者にズレが発生していないかどうかの確認が必要である。
③ 商品販売先企業に対する電子マネー等の決済手段の譲渡は、仕入れには該当せず、単なる支払手段の譲渡に過ぎないと認定される可能性がある。そのため、商品販売先企業が電子マネーを全額商品等の仕入れに使った時期の確認と当該利用履歴等の保管が必要となる。

補　足

　電子マネーを含め決済手段の多様化は、今後もますます進むことが想定される。しかし、決済手段がどのように変わろうとも、取引内容の把握を行う際の確認事項について、大きく変わることはない。

参考裁決事例

国税不服審判所裁決令和4年8月4日：TAINS・J128－3－03

（四方田　彰）

第2章　法人税法

19 | 現金仕入れと架空仕入れの接点

CASE

　　水産魚介類の卸売業を行う弊社では、営業所における現金仕入れを、当該営業所に備え付けられた物品出納帳で管理しています。営業所長への聞き取りから、現金仕入れの一部に、市場を通さずに漁師から直接に魚介類を購入する「浜買い」が含まれていることが判明しました。そして、この仕入れに係る領収証を売主から発行してもらっておらず、売主である業者の名前や住所を特定することができないことから、営業所長が、架空の取引先の名称により領収証を作成し、その記載を物品出納帳に転記していたことが判明しました。こうした浜買いによる仕入れも売上原価に該当すると考えて、損金計上の対象とすることは可能でしょうか。

━━ ここが分かれ目 ～判断のポイント～ ━━

　　領収証は営業所長が架空名義で作成したものであり、物品出納帳はその記載を転記したものにすぎない。仕入れ取引の存在を確認することができないことから、浜買いによる現金仕入れは仮装であると認定される可能性がある。

A

　　税務調査において、課税庁が浜買いによる現金仕入れの不自然性、不合理性を指摘する場合に、納税者は、領収証、物品出納帳、営業所長の供述を根拠に、その取引の存在を主張することになります。もっとも、領収証は営業所長が架空名義で作成したものであり、物品出納帳もその記載を転記したものにすぎず、営業所長の供述も証拠により裏付けられているわけではありません。

　　課税庁が浜買いによる現金仕入れの不存在について具体的に立証

87

した場合には、これらの証拠に基づく納税者の反証では不十分となります。そのため、浜買いによる現金仕入れは、領収証が偽造された、仕入先が特定できない架空の仕入れであり、損金計上の対象とすることができないと考えられます。

図表2－2　仕入れ取引と売上原価の該当性

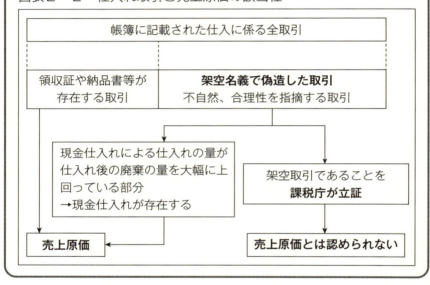

解説

1．税法における考え方

　仕入価額は収益に係る売上原価に該当し、費用収益対応の原則に従って、当該事業年度の法人の所得の金額の計算上、損金の額に算入される（法法22③）。もちろん、仕入れ取引の存在を領収証や納品書等により明らかにすることができることが前提である。税務調査において、領収証等により仕入れの存在を確認することができないときにはその取引の存否が問題となり、当該仕入れは売上原価に該当せず、損金計上の対象

第2章 法人税法

から除外されるおそれがある。

本CASEでは、浜買いによる現金仕入れが実際に行われていたことを前提として、納税者自身が作成した領収証と、これに基づいて記載した物品出納帳を証拠として、取引が存在したとの納税者の主張が認められるか否かが問題となる。

２．類似する参考事例

肉、野菜及び水産魚介類の卸し並びに小売業を目的とする株式会社である納税者が行った浜買い等による現金仕入れの一部が架空のものであるか否かが争われた事件がある（福岡高判令和元年11月6日）。

裁判所は、売上原価に関する現金仕入れの存否に係る立証責任は課税庁が負うものと解すべきであるから、課税庁において、現金仕入れが架空であることを具体的に立証しなければならないとしたうえで、課税庁が現金仕入れの不自然性、不合理性について具体的に指摘しない取引は架空取引とはいえず、損金計上の対象であるとした。

本CASEに参考となる判示部分では、裁判所は、課税庁が具体的に不自然性、不合理性を指摘する取引については、領収証等は、各営業所長が架空名義で偽造したもので、明らかに信用性に乏しく、物品出納帳も、領収証等の記載を転記したにすぎず、在庫管理に利用しているのであれば当然記載されるべき日ごとの残在庫の記載がないと指摘し、納税者の反証は十分ではなく、課税庁が指摘する仕入れは架空の仕入れであり、損金計上の対象ではないとの判断を下した。

納税者は、市場等を通すより安価の仕入れが可能となることや、市場での買付けでは十分な量の確保ができないこと等の理由から、浜買いによる現金仕入れを行ったと主張した。しかし、裁判所は、現金仕入れの存在を示す証拠の有無を問うており、偽造の領収証や、その記載を転記した物品出納帳を信用することはできず、当該仕入れを売上原価と認めて、損金計上の対象とすることはできないとしている。また、裁判所は、そもそも出所の知れないエビ、牛肉等の生鮮食料品を購入して取引

89

先に販売するという行為自体が、生鮮食料品を扱う業者の行動として通常あり得るものとは認め難いとしており、当該仕入れの不自然性も指摘している。

なお、この事件では、裁判所は、課税庁が具体的に不自然性、不合理性を指摘する取引のうち、現金仕入れによる仕入れの量が仕入れ後の廃棄の量を大幅に上回っている部分につき、その差額に相当する現金仕入れが存在しないと説明することはできないことから、損金計上の対象であるともしている。

3．その他の注意点

申告納税制度の下では、納税者が申告により第一次的な税額を確定することになるが、当該申告の適正性を担保するために課税庁は税務調査を行う。納税者が主張する浜買いに係る事実があったとしても、偽造の領収証を作成する行為自体が、税務調査において架空仕入れとの認定を受ける端緒となる。また、裏金の捻出などの疑いをかけられることにもなりかねない。課税庁が仕入れの不自然性、不合理性を具体的に指摘した場合には、信用性の乏しい偽造の領収証しか手元にない納税者の反証のハードルは高い。

立証のポイント・注意点

① 法人税法22条3項1号に規定する「売上原価」の存否の立証責任は、原則として課税庁が負うことから、課税庁において、仕入れが架空であることを具体的に立証しなければならない。
② 市場での買付け以外に現金仕入れをする理由があったとしても、架空名義で偽造した領収証や、その領収証の記載を転記した物品出納帳は、現金仕入れの存在を示す証拠とすることはできない。
③ 領収証を作成するだけではなく、その適正性を確保することが求められ、偽造の領収証を作成する行為自体が、その証拠能力を

第2章　法人税法

> 否定することになりかねない。

補　足

　税務調査に耐え得る領収証や納品書等の原始証憑を適正に作成し、保管しておくことは実務の基本である。納税者自身が架空名義で作成した領収証は、証拠として認められない。今後はインボイスも含めて適正に作成し、保管しておくことが求められることに注意されたい。

参考裁判例

福岡地判平成30年5月24日：TAINS・Z268 - 13155
福岡高判令和元年11月6日：TAINS・Z269 - 13338
最決令和2年6月26日（不受理）：TAINS・Z270 - 13421

（谷口　智紀）

20 役員給与 ―宿直手当等と定期同額給与の接点―

CASE

　医療法人を経営しています。勤務医に対して、土曜日日直手当、早出手当、宿直手当等を規定に従い、1回当たり5,000円から2万5,000円を支給しています。理事長も勤務医と同様に宿直等に当たっており、勤務医と同様にこれらの手当を支給しています。

　役員である理事長の給与は定期同額給与でなければ損金とならないのは理解していますが、宿直手当等は実費弁済的な経済的利益とも考えられますし、毎月変動する手当金額のうち、事業年度を通じての月当たりの最低額部分（図表2－3点線以下分）は毎月定額の本来の役員給与と合わせ、定期同額給与として損金算入できるのではと考えていますが、いかがでしょうか。

図表2－3

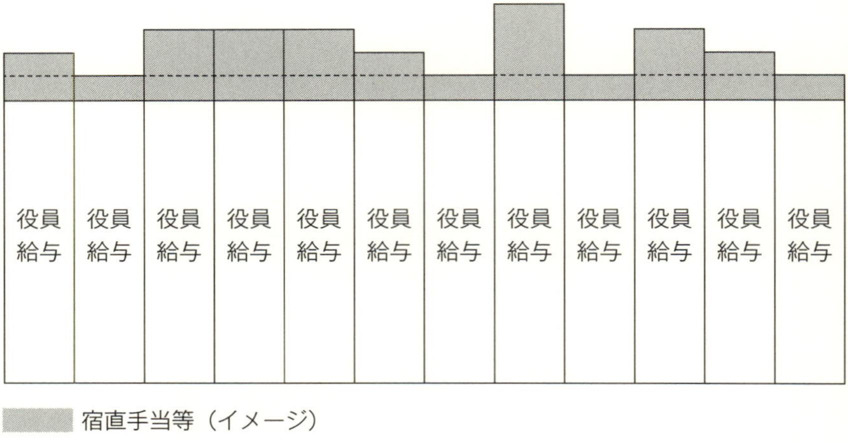

　宿直手当等（イメージ）

第2章　法人税法

=== **ここが分かれ目** ～判断のポイント～ ===

　定期同額給与に当たるかどうかは、各支給時期における支給額が同額であるか、継続的に供与される経済的な利益であればその供される利益の額がおおむね一定であるか、で判断される。

A

　手当は、給与の支給そのものであり、経済的な利益とは言えません。

　また、手当の金額は毎月異なり、各支給時期おける支給額が同額とは言えず、定期同額給与には当たりません。

解　説

1．税法における考え方

　役員給与について、事業年度中に定時改定等以外で増額改定が行われた場合、増額部分は損金算入できず、減額改定が行われた場合、減額改定後の金額が定期同額給与となる。このことから事業年度中の最低額が損金算入の基準となると説明されることもあるが、名目にかかわらず毎月支給される金額の最低額が損金算入できる、というわけではない。

2．増額改定と変動手当

　同様に役員への宿直手当等が問題となった松江地裁令和3年2月8日判決の納税者は、国税庁は「役員給与に関するQ＆A」において、一定の要件に該当しない役員給与の増額改定が行われた場合、その年度における定期給与の全額を損金不算入とするのではなく、改定による差額部分のみを損金不算入とする解釈を示している。そうであるなら、宿直手当等のように、あらかじめ定められた支給基準に基づき毎月支給される給与の最低月額部分を損金に算入するとの解釈も可能である、と主張していた。

93

増額改定の場合には、増額改定前の支給額に改定による増額分を上乗せして支給したとみることが可能であるため、このような解釈ができる。しかし、宿直手当等は、宿直等をした日数や回数に応じて支給されるものである。各支給時期において、その事業年度における各手当ごとの最低額に増額分を上乗せして支給したとみることはできない。

３．恣意性の有無と定期同額給与

　役員給与に対する損金算入の規制の目的は、恣意性と利益調整性の排除にあると考えられるが、租税法律主義の下、どういった給与であれば損金算入が可能となるのかは法律で定めるところである。宿直手当等のように、その支給や支給額決定に恣意性がないとしても、各支給時期における支給額が同額でない以上、定期同額給与に当たると解釈することはできない。

４．参考事例における裁判所の判断

　法人段階において損金算入される役員給与の範囲を制限する法人税法34条の趣旨は、適正な課税を実現する観点から役員給与の支給の恣意性を排除することにある。

　しかしながら、租税法律主義の下、役員給与のうちいかなるものを類型的に恣意性が排除されたものとして損金算入することを認めるかは、正に法律が定めるところであり、原告の主張するように、本件宿日直手当が本件病院の医療体制を維持するうえで必要不可欠な業務として甲院長が宿日直等を行ったことに対する所定の基準に基づく手当であり、月による大きな変動もなく継続的に支給されていたものであって、その支給に恣意性はないとしても、各支給時期における支給額が同額でない以上、上記の立法趣旨から法律の文言に反して定期同額給与の「その支給時期が１月以下の一定の期間ごとである給与（定期給与）で当該事業年度の各支給時期における支給額が同額であるもの」に当たると解することはできない。

第 2 章　法人税法

 立証のポイント・注意点

① 定期同額給与として損金算入するためには各支給時期における支給額が同額である必要がありその支給額決定プロセスに恣意性がなかったとしても同額でなければ損金算入はできない。
② 給与課税の対象となる役員に対する経済的な利益も、継続的に供与され、その供与される利益の額が毎月おおむね一定であれば定期同額給与として損金算入の対象となる。法人が購入した車両を役員の家族に無償で使用させていたという事例でも車両使用という概ね毎月一定の経済的利益であり給与課税の対象とはなるが定期同額給与として損金算入も可能とされた事例がある。
③ ただし、経済的な利益も株主総会等で定める役員給与支給限度額に含まれるため支給限度額を定める際にはその点も注意が必要である。

参考裁判例

松江地判令和 3 年 2 月 8 日：TAINS・Z271 − 13521

（髙木　良昌）

21 役員退職給与の損金不算入 —みなし役員と退職事実の有無の接点—

CASE

　　当社は、不動産賃貸等を営む同族会社です。昨年、創業者である父が当社の代表取締役及び取締役を辞任し、現在はその娘の私が当社の代表取締役に就任しております。

　　この度、父の辞任に伴い、当社が元代表取締役の父に対して支給した退職金を損金の額に算入して法人税等の申告を行ったところ、税務調査により、元代表取締役は、登記上退任した後も会社の経営に従事しており、みなし役員に該当するから、実質的に退職したとは認められないとして、元代表取締役に支払った退職金は退職給与として損金の額に算入されないとの指摘を受けました。

　　なお、元代表取締役については、辞任以降は当社の登記上役員としての地位を有しておらず、使用人でもなかったですし、当社が元代表取締役に対して役員給与や従業員給与を支給した事実もありません。どのようなことをもって、実質的に退職していなかったと見られたのでしょうか。

ここが分かれ目 ～判断のポイント～

　みなし役員に該当するかどうかは、「経営に従事している」か否かが重要な判断基準となるが、「経営に従事している」について税法上明らかにされていない。そのため、「経営に従事している」とは、具体的にどのようなことなのかが争点となる。

A

　　税務の取扱いでは、お手盛り防止という趣旨から「みなし役員」の規定が設けられています。同族会社の「みなし役員」の判定については、事実認定の問題であり、事実関係を具体的に検討しなけれ

96

第2章　法人税法

> ばなりませんが、会社の経営に従事しているものと認められる事実
> がない限り、元代表取締役は「みなし役員」とはならないと考えら
> れます。

解　説

1．役員に関する税務の取扱い

特に、同族会社においては、実質的には役員という立場でありなが
ら、使用人として取り扱うことにより、容易に利益操作を行うことがで
きてしまうことから、法人税法では「みなし役員」の規定を設け、役員
の範囲を定め、取締役や監査役といった会社法上の役員だけではなく、
所定の要件を満たす場合には、会社法上の役員以外の者であっても、役
員に含まれるものとしている（法法2十五、法令7）。

みなし役員の定義は、①法人の使用人以外の者でその法人の経営に従
事しているもの、②同族会社の使用人のうち所定の持株要件を満たす者
で、その会社の経営に従事しているものをいう。

すなわち、みなし役員とは、法律上役員とされていないが、使用人以
外の者で、法人の経営に従事している者をいう。特に、税務調査でもよ
く問題となるのが、後者の「経営に従事している」という要件である。

税務の取扱いでは、「『使用人以外の者でその法人経営に従事している
もの』には、相談役、顧問その他これらに類する者でその法人内におけ
る地位、その行う職務等からみて他の役員と同様に実質的に法人の経営
に従事していると認められる者が含まれることに留意する」とされてい
る（法基通9－2－1）。

つまり、たとえ会社法上の役員ではなくとも、その法人内における地
位やその行う職務内容等から見て、会社の経営に従事しているものと認
められる事実がある場合には、税法上の役員として取り扱われる。

97

２．参考裁決事例

　実質的に法人の経営に従事していると認められる事実があるかどうかについて、「請求人の代表取締役及び取締役を辞任した元代表者が、辞任後も継続して請求人の事業運営上の重要事項に参画していたとは認められないから、元代表者に退職金として支払った金員は、元代表者に退職の事実があるから、損金の額に算入されるとした事例」がある（国税不服審判所裁決令和２年12月15日）。

　審判所は、元代表者が、辞任後も継続して、請求人の経営に従事しているか、すなわち、請求人の事業運営上の重要事項に参画しており、実質的に退職していないと認められるかについて、①経営会議への出席及び指示命令、②経営会議以外での指示命令、③金融機関に対する元代表者の対応、④新規事業の決定等、について具体的に検討している。

　そして審判所は、「原処分庁がその認定の根拠として摘示する各事実には、いずれもその裏付けとなる退職当時の客観的な証拠がなく、各関係者の各申述においても、本件元代表者の請求人への具体的な関与状況が明らかではない。そして、本件元代表者は、退職後に請求人から報酬等を受領していないと認められ、本件元代表者の退職後に請求人の代表取締役となった者が、その代表取締役としての職務を全く行っていなかったと認めるに足りる証拠もないことからすると、本件元代表者が退職後も継続して、本件各法人の経営に従事していたと認めることはできないから、本件各金員は、退職給与として、本件各法人の損金の額に算入される」と判断している。

　「経営に従事している」かどうかについては、事実認定の問題であり、上記の裁決例では納税者の主張が認められたが、容易に判定することは難しい。

第 2 章 法人税法

 立証のポイント・注意点

① 役員退職給与を支給する場合においては、当然ながら前提として、形式だけを整えるのではなく、実態も整っていなければならない。
② 否認されないためにも、否認の根拠となるような項目を少しでも減らすことを納税者に伝えることが大切である。
③ 次の代表取締役への引継ぎ直後は留意する必要がある。

参考裁決事例

国税不服審判所裁決令和 2 年 12 月 15 日：TAINS・J121 － 2 － 05

（角田　敬子）

22 私的流用による給与認定と交際費との接点

CASE

　会社で経理部長をしておりますが、弊社の役員から、高級ブランド服や宝飾品などを交際目的で購入し、取引先に対し贈答を行ったとする報告と領収書の精算要請を受けております。しかし、贈答先であるとする取引先の名称は明らかではなく、一見して役員本人が使うものであるようにも思われます。経理としましては、役員主張のとおり、一旦、交際費として処理と精算を行いたいと思いますが、仮に、後日、役員個人の私的な費消であることが判明した場合、どのような問題が生じるのでしょうか。

=== ここが分かれ目 ～判断のポイント～ ===

　令和5年10月以降、領収書についてはインボイスの有無についての確認が必要となる。その際に、インボイス番号の確認は勿論、「宛名や但書きの無い領収書」や「役員個人宛の領収書」等については、インボイス以前に経費性の有無について確認を行うことが望ましい。

A

　質問の場合、高級ブランド服や宝飾品が何の目的のために購入されたものかという点や、具体的な商品名、贈答先である取引先の名称等についても、事前に確認を取ることが望ましいものと思われます。次に、明らかに役員個人が身につけるための私的な費消である場合は、税務上、交際費等の経費ではなく私的流用であるとして役員給与もしくは役員賞与に該当するものと思われます。

　また、税務以外の問題点としては、役員の私的流用は後日、株主等から損害賠償を求められる可能性もあるため、監査役設置会社で

100

第2章　法人税法

あれば監査役へ報告を行っておくことが重要であると思われます。

解　説

1．税法における考え方

　交際費等とは、交際費、接待費、機密費その他の費用で、法人が、その得意先、仕入先その他事業に関係のある者等に対する接待、供応、慰安、贈答その他これらに類する行為のために支出するものをいう（措法61の4⑥）。その一方で、私的流用とは、自己の利益のために（会社等の）金銭を使うことを指す。つまり、事業活動とは直接関係のない使途で、事業資金を自己のために使うことになる。

2．本CASEへの当てはめ

　本CASEの場合、役員主張のとおり交際費であるか否かについては、高級ブランド服が得意先、仕入先その他の事業に関係ある者に贈ったものかどうか、購入履歴や送付先リスト等による確認が必要である。しかし、そうした記録が無く、役員個人の使用のために購入されたものであれば、交際費ではなく私的流用に該当し、役員の賞与に該当することになる。例えば、一部の企業では、ブランド服であっても制服として利用するための購入であるとして福利厚生費等の経費として処理される場合がある。しかし、仮に、制服であると主張するのであれば、社名や会社のロゴがプリントされているなど、通常、業務以外での利用ができないといった点が確認できなければ、制服として認められる可能性は低いものと考えられる。

　次に、宝飾品についても、宝石や貴金属を得意先や仕入先その他の事業に関係ある者に対して贈ることは、通常考えにくい。つまり、社会通念上、考えられる儀礼の範囲を明らかに超えたものであり、得意先等もこれを受け取ることは考えにくい。一方で、会社の資金を投資に回し、一時的に現金を宝飾品等の購入に充てることはあり得ない訳ではない。

101

例えば、絵画がその一例であるが、会社の資金を一部運用する形で絵画を購入し、しかるべき時期に換金することも考えられる。しかし、役員個人が私的に購入したことが明らかである場合、私的流用であるとして、役員に対する賞与に該当することになる。

このような役員の私的流用が相当な金額になると、株主から損害賠償を求められる可能性も考えられる。もちろん、経理責任者としては、可能な範囲で相応の確認を取ったうえで、監査役等設置会社であれば監査役へ報告を行うことが必要になる。

３．類似する参考事例

本CASEと類似した事例として、取締役副社長である代表者の妻が、会社の経費として購入した高級服飾品や宝飾品等の購入が交際費ではなく給与に該当するものであると判断された事案がある。

鉄スクラップの卸売を主たる事業とする株式会社（以下「納税者」とする。）の副社長は代表者の妻でもあり、主に、販路開拓及び商機獲得のための活動を行っていた。副社長は、平成24年6月から平成26年12月までの間に、6億7,000万円の服飾品、宝飾品等を納税者の費用負担において購入を行っていた。副社長はこれらの服飾品、宝飾品等は、業務上の関係者等への贈答品であり、課税庁の主張する給与等には該当しないと主張した。

これらの主張に対し裁判所は、副社長が個人的な利用も含め経費を自由に使用することができる立場にあり、その立場に基づいて購入をしたことは、納税者の意思に基づくものであり、副社長が経費を使用して服飾品、宝飾品等を購入することができたのは、副社長としての地位及び権限を有していたからにほかならない。また、副社長が服飾品、宝飾品等の購入によりその分の利益を得たことは、納税者企業による給与等に該当するというべきであるとして納税者の主張を棄却した（大阪地判令和2年6月25日）。

第2章　法人税法

　事業資金を私的に使ったものであるのか、もしくは会社の事業活動の経費であるのかといった点は、時に判断が難しく迷いがちな点であることは事実である。本事案においては、納税者が購入した宝飾品等については、非常時に売却できる旨の主張も行っている。確かに、そのような資産があれば、非常時に売却することで、事業の継続を図ることが可能になるかもしれない。しかし、仮に、そのような主張をするのであれば、宝飾品等については資産としてリストアップしておいたうえで、最低でも期末ごとに時価がいくらであるかといった記録を残しておかなければ、価値の高騰や下落も見当がつかない。

４．その他の注意点

　企業の資金は、本来、事業活動のためのものであり、その使途が明らかにできなければ、債権者や金融機関、税務当局に説明を行うことはできない。最悪の場合、取引先からは取引停止の通告を受け、債権者からは即時の弁済を求められる可能性もあるため、十分注意が必要である。

図表２－４　役員・従業員の私的流用に伴う税務の取扱い

・役員による経費の私的流用 　（返還請求を伴わない場合）	⇒　役員賞与（損金不算入）or 貸付金
・従業員による経費の私的流用 　（返還請求を伴わない場合）	⇒　賞与（損金算入）or 貸付金
※賞与等となる場合、源泉所得税の徴収が必要となる。 　また、税務調査等により賞与と認定を受けた場合、源泉所得税の納付漏れとして、不納付加算税が賦課される場合がある。	

103

立証のポイント・注意点

① 社会通念上、妥当な内容の支出であるかどうか確認を行った社内の議事録等があれば、それらの提示を行い、支出の内容や金額の妥当性を証明する。
② 高額な贈答品については、贈答先に確実に贈られたか否かの確認を行い、購入者が私的に流用していない点を証明する。
③ 贈答品等の取扱いについて社内に規定があれば当該規定を提示し、贈答品等が社内規定の範囲内のものである点を証明する。

補足

どのような企業であっても経費の私的流用は発生する可能性があるため、適正に経費が使われているか否かといった確認はもちろん、減価償却資産以外で自社利用のために購入した高額な物品等であれば、保管、売却、廃棄等を含め最終的にどのような顛末となったのか確認を行うことが望ましい。

参考裁判例

大阪地判令和2年6月25日：TAINS・Z270-13419
大阪高判令和3年4月15日：TAINS・Z271-13550
最決令和3年10月29日（棄却・不受理）：TAINS・Z271-13627

（四方田　彰）

第2章　法人税法

23 自己発行ポイントと販売促進費との接点

CASE

　当社は商品販売の都度自己発行ポイントを付与し、次回買い物の際に、ポイント相当の値引きもしくは商品と交換できる制度を開始致しました。付与をした自己発行ポイントの履歴は全て管理していますが、決算期末までに顧客が利用しなかったポイントについては、ポイントの付与を行った事業年度の販売促進費として処理を行いたいと思いますが、法人税法においても同様に、自己発行ポイントの付与を行った事業年度の損金として良いのでしょうか。

=== **ここが分かれ目** ～判断のポイント～ ===

　自己発行ポイントの処理については、ポイント規約等においてどのように定められているのか事前に確認を行い、それに沿った形での経理処理と税務の判断が必要となる。

A

　CASEの場合、自己発行ポイントの付与を行った事業年度において費用に計上したとありますが、次回の買い物の際に同ポイントの利用ができること等から、同ポイントの付与を行った事業年度において債務は確定していないことになります。つまり、自己発行ポイントの付与を行った事業年度ではなく、顧客が実際にポイントを使用した事業年度において、初めて債務が確定することになるため、顧客がポイントの利用を行うまで損金に算入することはできません。

解　説

　自己発行ポイントを会計上どのように処理を行うかといった点につい

105

ては、販売促進費等として費用の計上を行う方法か、売上げの値引きとして計上を行う方法かのどちらかが採用されていることが多いように思われる。本CASEは、自己発行ポイントについて、販売促進費として費用処理を行うにあたり、どの時点で損金に算入されるのかといった点が問題となっている。

１．税法における考え方

　法人税法において、ポイントに関する特段の取扱いは規定されていない。その一方で、法人税基本通達９－７－２において、金品引換券付販売について規定されており、具体的には金品引換券と引換えに金銭又は物品を交付することとしている場合、基本的に引換えを行った事業年度の損金に算入されるものとされている。また、同通達９－７－３においては、一定の条件の下、金品引換券を未払金として計上することができると規定されている。もちろん、損金に算入することができるか否かについては、法人税法22条３項２号の「債務の確定」を前提としたうえで、同通達２－２－12における①当該費用に係る債務が成立していること、②債務に基づいて具体的な給付をすべき原因となる事実が発生していること、③その金額を合理的に算定することができること、等と規定されている「債務確定三要件」の確認を行うことが必要になる。

　つまり、上記①～③の全ての要件を満たさない限り債務は確定していないことになるのである。

２．類似する参考事例

　本CASEと類似する事例として、以下が参考になる。

　納税者はアニメのキャラクター商品等の企画及び販売等を行う会社を経営しており、商品等を購入した顧客に対してポイントを付与するとともに、顧客は付与されたポイントを使用することのできるポイントシステムを運営していた。納税者は、顧客に付与したポイントの各事業年度の未使用分に相当する金額を各事業年度の損金の額に計上していたが、課税庁は、当該ポイントの未払金は、各事業年度において債務が確定し

ているとは認められないとして更正処分を行った。これに対し裁判所
は、当該ポイントの未払金は、法人税基本通達2－2－12の債務確定
三要件を満たしていないため、当該ポイントの未払金は債務が確定して
いないものとして、各事業年度の損金の額に算入できないものであると
判示した（東京地判令和元年10月24日）。

　上記の類似事例では、未払金として計上された金額が巨額であったた
め、一見して突出した事例のように見えるかもしれない。しかし、ポイ
ント相当の金額の多寡とは関係なく、自己発行ポイントの規約や取扱い
の内容によって個別に判断すべきである。例えば、ポイントの中には、
期間限定ポイントのように有効期限が著しく短いものや、永久不滅ポイ
ントと称する事実上有効期限が存在しないポイント等も存在するため、
一括りに取扱いを判断することは難しい。

３．その他の注意点

　平成30年３月に「収益認識に関する会計基準」と「収益認識に関す
る会計基準の適用指針」が導入されたことに伴い、法人税法22条４項
の一部改正と、同法22条の２が新設されたことは記憶に新しい。また、
法人税基本通達においては同通達2－1－1の7の「ポイント等を付与
した場合の収益の計上の単位」が規定されたことにより、自己発行ポイ
ントについては継続適用を条件として、資産の販売等とは別の取引に係
る収入の一部又は全部の「前受け」とすることができることになった。
もちろん、中小企業の会計処理については、従来どおり、企業会計原則
等による会計処理が認められ、同通達2－1－39の「商品引換券等の
発行に係る収益の帰属の時期」も使うことができるため、必ずしもこう
した取扱いが強制される訳ではない。

　以上のように、自己発行ポイントを導入する場合、どのような会計処
理を行うのか事前に検討を行ったうえで、ポイントに関する規約の整備
と会計・税務の処理を継続して行う必要があるため、取扱いにあたって
は十分注意されたい。

図表2-5　自己発行ポイントと損金算入時期

- 顧客にポイントを付与した事業年度
  顧客へポイントの付与　⇒　処理不要
- 顧客がポイントを使用した事業年度
  顧客がポイントを使用　⇒　損金算入（売上値引or販促費等）

 立証のポイント・注意点

① 自己発行ポイントの付与時には債務が確定していないため、付与したポイントを損金に算入することはできない。
② 顧客が自己発行ポイントを使用した場合、売上値引もしくは販売促進費等として損金に算入することができる。
③ 収益認識に関する会計基準の導入により、対価の一部を契約負債として前受処理を行うことが可能となったが、中小企業においては、従前どおりの処理を行うことが認められている。

補足

　最近では、ポイントを自己で発行する方法から、大手ポイントグループに加盟し、加盟店間でポイントを利用する方法に切り替える企業が増えている。制度の移行にあたっては、会計・税務の取扱いに注意が必要である。
　また、消費税の取扱いについても、自己発行ポイントと他社ポイントでは取扱いが異なる場合があるため、十分注意されたい。

参考裁判例

東京地判令和元年10月24日判決：TAINS・Z269-13329

（四方田　彰）

第2章　法人税法

24 | 帳簿記載とは異なる領収書と損金算入との接点

CASE

　弊社は、この度、お客様から紹介のありました取引先と初めて取引を行うことになりました。先方は、振込みではなく現金取引を望んでいたため、初回は現金で取引を行いましたが、後から確認しましたところ、領収書に記載の社名や角印が、契約書に記載されていた社名とは異なっていました。経理処理上、契約書にあります社名で帳簿等への記載を行いたいと思いますが、税務上、何か問題はありますでしょうか。

=== **ここが分かれ目** ～判断のポイント～ ===

　本来、簿外経費とは帳簿外の経費ということを指す用語であり、帳簿への記載を漏らした領収書という意味合いで使われていた。しかし、令和4年度税制改正以降、帳簿記載とは異なる領収書についても簿外経費の範疇に含まれるものとして理解しておく必要がある。

A

　帳簿記載とは異なる領収書は、いわゆる「簿外経費」として取り扱われ、損金に算入することができない可能性があります。そのため、改めて契約書に記載の社名による領収書に差し替えてもらう必要があります。仮に、契約書や領収書に記載の相手先企業の存在が確認できない等の理由による場合は、本来、会社から支出すべき経費に該当しないものと判断され、損金に算入できないことが想定されます。今後、相手先企業の確認はもちろん、取引金額が高額になる場合は、現金による受渡しは避け、相手先企業の銀行口座に直接送金することが望ましいものと思われます。

109

解　説

1．税法における考え方

　法人が支出した経費の損金算入については、法人税法22条3項1号において「収益に係る売上原価、完成工事原価その他これらに準ずる原価の額」が、同項2号において「販売費、一般管理費その他の費用の額」について規定されており、一定の範囲で制約を受けている。特に「販売費、一般管理費その他の費用の額」については、「債務の確定」が求められており、その判断においては課税庁との間でトラブルとなりがちである。

2．本CASEへの当てはめ

　こうした問題とは別に、請求書や領収書の不存在、記名されている取引先名称が契約書と異なる、あるいは取引先が登記上存在しないといった類いの問題も存在する。

　本CASEでは、帳簿記載とは異なる領収書が問題となっているが、支出した金額、支払年月日、支払先及び支払内容等に加え、業務との関連性について具体的に主張立証がされない限り、当該支出は事実上存在しないものとする考え方がある。つまり、支払いに関して損金算入できるか否かの立証責任は、納税者の側にあるとする考え方である。

　この考え方に基づけば、本CASEのような事案においては、契約時における取引相手先の事前確認はもとより、その支払年月日や支払金額の確認が領収書のみとならないよう、相手先の確認にもつながる銀行口座への振込みを行うことがトラブル回避のために必要であることは間違いない。

3．類似する参考事例

　このような事案と類似した事例として、「簿外経費」は損金算入できないとした事例がある（東京地判令和3年12月23日）。

　納税者は、マンション建築工事の請負契約を締結するため、第三者と

110

第2章　法人税法

の間でコンサルタント業務契約を締結し、同契約に基づき情報の提供を
受け、コンサルタント業務の対価として金員を支払ったとして、同金員
を対応する工事の完成工事原価として損金に算入したところ、課税庁が
これを否認したうえ、隠蔽ないし仮装に基づく過少申告を行ったと認定
してきたため、納税者は処分が違法であるとして、取消しを求めたとい
う事例である。

　本事例では、法人登記がされていない株式会社に対し、納税者の口座
から引き出した現金を支払ったとして領収書が作成されていたが、当該
コンサルタント業務契約における具体的業務の内容は明らかでなく、金
員の支払先ないし相手先についても不明であるから、各金員の支出は、
その使途を確認することができず、納税者の業務との関連性の有無が明
らかではないことから、損金の額に算入することができないと判示され
た。

4．税制改正の経緯

　令和4年度税制改正において、「証拠書類のない簿外経費についての
損金不算入措置」が新設され、法人については令和5年1月1日以降に
開始する事業年度から適用されている。これにより、次に掲げる場合に
該当する当該売上原価の額又は費用の額を除き、所得の金額の計算上、
損金に算入しないこととなった（法法55③）。

⑴　次に掲げるものにより当該売上原価の額又は費用の額等の基因とな
　る取引が行われたこと及びこれらの額が明らかである場合

　イ　その法人が法人税法の規定により保存する帳簿書類

　ロ　イに掲げるもののほか、その法人がその納税地その他の一定の場
　　所に保存する帳簿書類その他の物件

⑵　⑴イ又はロに掲げるものにより、当該売上原価の額又は費用の額等
　の基因となる取引の相手方が明らかである場合その他当該取引が行わ
　れたことが明らかであり、又は推測される場合（⑴に掲げる場合を除
　く。）であって、当該相手方に対する調査その他の方法により税務署

111

長が、当該取引が行われ、これらの額が生じたと認める場合
　このように、帳簿書類等により取引の内容や額が明らかでないものについては、損金不算入措置が取られることが明らかとなった。
　具体的には、税務調査等において、帳簿や証拠書類等を提示せずに簿外経費の主張を行う納税者や、証拠書類について仮装を行い、簿外経費を主張する納税者への対応のため、損金不算入の措置が講じられている。これは、法人税に限ったことではなく、所得税に関しても同様である（個人については令和5年分以降の所得税から適用されている。）。

5．その他の注意点
　将来、税務調査等の際に簿外経費の有無が問われないためにも、今一度、請求書や領収書等の保存方法だけではなく、取引先名称や法人番号、適格請求書発行事業者の登録番号に関しても、確認が可能となるような仕組み作りも一考に値する。

立証のポイント・注意点

① 高額な取引を現金で行った場合は、なぜ現金で行わなければならなかったのか、理由を明確にしておかなければならない。
② 契約書と異なる領収書を受領した場合、最終的に経費として認められない可能性があるため、契約書の相手方と同じ者が発行した領収書への差し替えを依頼するなど、取引内容の一貫性の有無について確認が必要となる。
③ 海外との取引の際に、送金手段等の問題から、国内に所在する関連会社等が代わりに代金の受領を行う事があるが、こうした場合、三者間の取り決めの有無や、発行された領収書の発行会社名がどのようになっているか等の確認が必要である。

第2章　法人税法

補　足

　本来、支払相手先が不明な取引については、「使途不明金」として取り扱われるようにも思われるが、類似事例では帳簿書類の記載とは異なる必要経費は「簿外経費」と判断されている。いずれにしても、法人が支出した経費について損金に算入するためには、取引を立証するための一定の証拠書類が必要になる場合もあるため、十分注意が必要である。

参考裁判例

東京地判令和3年12月23日：TAINS：Z271－13650

（四方田　彰）

25 中古機械設備の簡便法適用の有無 ─中古資産の耐用年数の接点─

CASE

　当社は、化粧品等の製造販売等を目的とする株式会社です。製品化にあたっては、製造部門、製品化部門があり、この度、製品化部門で使用する中古のチューブ充塡機と、中古の包装機を購入し、事業の用に供しました。中古資産の取得に当たるため、これらの資産についてはいわゆる中古資産の耐用年数の計算方法である「簡便法」を用いて計算（充塡機の耐用年数を2年、包装機の耐用年数を3年）し、減価償却費を計上しようと考えていますが、問題はないでしょうか。

═══ **ここが分かれ目** ～判断のポイント～ ═══

　減価償却資産の一つである「機械及び装置」を取得した場合、他の資産と異なり、「設備」を構成する各資産を個別の耐用年数により償却するのではなく、それらを一体のものとして共通の耐用年数（「総合耐用年数」）により償却するものと解されている点がポイントとなる。

A

　「機械及び装置」に該当する資産を取得した場合、その資産が既存の減価償却資産である「機械及び装置」と一体のものであるかを検討する必要があります。

　一体のものであるかどうかは、「複数の資産により構成される設備の稼働によって初めて、本来の機能を発揮し法人の収益の獲得に寄与するものとなる」かどうかが検討されることになります。

　つまり、個々の資産それぞれの耐用年数は違っても、総合して生産手段として稼働している場合には、「設備」の単位として共通した耐用年数を用いて償却をすることが合理的であるという見方があ

114

第2章　法人税法

ります。

　したがって、本CASEの充填機と包装機が既存の製造部門や製品化部門で稼働している「機械及び装置」と集団的に生産手段として用いられ、法人の収益獲得に寄与している場合には、既存の「機械及び装置」の「設備」に応じた耐用年数により償却することになります。

　ただし、その取得した中古資産が「設備」のうちの相当部分を占める場合には、その中古資産を区別して耐用年数を計算することができると解されています。

解　説

1．中古資産取得のときの簡便法の考え方

　取得した中古資産の減価償却費を計算する場合、新品で取得した減価償却資産とは異なり、事業の用に供した以後の使用可能期間を見積もった合理的な耐用年数を用いて計算する（減価償却資産の耐用年数に関する省令3①）。ただ、使用可能期間を見積もることが困難な場合には、法定された耐用年数を基に計算した「簡便法」によって計算することができる。

2．耐用年数省令における「機械及び装置」

　減価償却資産の耐用年数等に関する省令における耐用年数表には、減価償却資産のうち、例えば「建物」や「器具・備品」などは、これを「構造・用途」に区分し、その区分ごとに「細目」を定め、各「細目」別に耐用年数を定めている。

　一方で、「機械及び装置」については番号1から55までの「設備の種類」ごとに「細目」を定め、その各「細目」別に耐用年数を定めている。そして「設備の種類」は、例えば食料品製造業、繊維工業、化学工業及び鉄鋼業などのように、「設備」が用いられる事業の種類によって定め

られている。

　このように、「機械及び装置」が「設備」を単位として取り扱われているのは、「機械及び装置」である減価償却資産が、複数の資産により構成される設備の稼働によって初めて本来の機能を発揮し法人の収益の獲得に寄与するものとなる特質があるためと解されている。

　ただ、耐用年数省令通達1－5－8には、「機械及び装置」等について一の「設備の種類」に属する資産の相当部分について中古資産を一時に取得した場合に限って、その中古資産を他の資産から区別して償却することができるものと示されている。

3．裁判所の考え方

　本CASEと同様の事象について争われた事例として、東京地裁令和3年3月30日判決が挙げられる。

　裁判所は、本件機械（充填機と包装機）について、「設備」の単位として製造部門と製品化部門が実質的に連動あるいは連携して生産手段等として用いられているため、各資産の総体が、耐用年数表にいう「設備」の単位をいうものと判断した。

　そして、既存の「機械及び装置」の取得価額と、本件充填機及び包装機の取得価額（再取得価額を含む。）を比較し、中古資産が本件設備の相当部分を占めるものとは言えないとして、法定耐用年数8年によるべきと判断した。

 立証のポイント・注意点

　既存の「機械及び装置」の一部として新たに資産を取得し「総合耐用年数」を適用する場合、その資産の「設備」の単位が問題となる。上記裁判例における納税者は、一工程や一ラインによって「設備」の構成を区分できるし、包装機にあっては単独で独立の包装設備を構成できるため、単体として計算できる旨を主張していた。

第2章　法人税法

　しかし、裁判所は取得した中古資産はいずれも他の機械と組み合わされて製品化ラインを構成する一つの機械であり、さらにそのラインも顧客のニーズによって随時組み合わされているものであるため、集団的に生産手段として用いられるものであるとしている。

　つまり、税務調査の際には法人それぞれの販売形態を個別に考慮し、各資産（「機械及び装置」）が連動あるいは連携して収益を生み出す生産手段であるかどうかを考慮して判断するものと考えられる。

　結果的に裁判所は、本件充填機等について耐用年数表番号8「化学工業用設備」の細目「その他の設備」に該当し法定耐用年数8年として判断を下した。

図表2－6　減価償却資産の耐用年数等に関する省令
　　　　　　「機械及び装置」一部抜粋

番号	設備の種類	細目	耐用年数
8	化学工業用設備	臭素、よう素又は塩素、臭素若しくはよう素化合物製造設備	五
		塩化りん製造設備	四
		活性炭製造設備	五
		ゼラチン又はにかわ製造設備	五
		半導体用フォトレジスト製造設備	五
		フラットパネル用カラーフィルター、偏光板又は偏光板用フィルム製造設備	五
		その他の設備	八

117

補　足

　上記判決において、納税者は「機械及び装置」が一体の「設備」として総合的に償却する資産であることにつき、明文の規定がない点を主張しているが、費用収益対応の原則に従い、その取得に要した金額を徐々に配分して費用化するという減価償却制度の趣旨目的から勘案して、集団的に生産手段として用いているものを一体として償却することに合理性があるとして納税者の主張を斥けている。

参考裁判例

東京地判令和3年3月30日：TAINS・Z271－13547
東京高判令和3年11月24日：TAINS・Z271－13632
最決令和4年4月28日（棄却・不受理）：TAINS・Z272－13710

（茂垣　志乙里）

第2章　法人税法

26 青色申告　―税理士による申告書の提出失念と青色申告の承認取消しの接点―

CASE

　法人の申告書の作成と提出について、以前から顧問税理士に依頼してきましたが、担当者の変更等により、うまく引継ぎができず、結果として2期連続期限後申告となってしまい、その結果、青色申告の承認が取り消されてしまいました。

　当方では、税理士事務所に対しいつもどおり資料を渡し、期限内に申告する意思がありましたが、それでも、2事業年度連続で期限後申告となった点のみをもって、青色申告の承認取消しと判断されてしまうのでしょうか。

=== ここが分かれ目 ～判断のポイント～ ===

　民法99条では、代理人が本人に代わり意思表示を行った行為の法律効果は、直接本人に帰属する旨規定している。そのため、納税者に過失がない場合であっても、代理人である税理士の行為に過誤があれば、結果そのものを取り消すことはできない。

A

　顧問税理士に税務代理を委任している以上、代理人である税理士が行った行為の結果は、必然的に納税者本人に帰属することになります。つまり、代理人が行った行為は、申告の名義人である納税者本人の行為として扱われます。

　そのため、2事業年度連続で期限後申告となった実質的な責任が納税者の側に無い場合であっても、青色申告の承認取消しを回避することはできないものと思われます。

119

解　説

　通常、法人の申告については、申告期限の延長の特例が適用されていない場合、事業年度終了後、2か月以内に申告と納税を行う必要がある点は、周知の事実である。

1．税法における考え方

　法人の青色申告の承認取消しについては、法人税法127条において規定されており、同条1項4号において「申告書を提出期限までに提出しなかったこと」と規定されている。具体的には、国税庁の事務運営指針において「法人の青色申告の承認の取消しについて」が公表されており、同指針4の「無申告又は期限後申告の場合における青色申告の承認の取消し」において、「2事業年度連続してその提出期限内に申告書の提出がない場合に行うものとする」とあり、その後、「2事業年度目の事業年度以後の事業年度についてその承認を取り消す」とされている。

　つまり、宥恕すべき特別な事情がなく、2事業年度連続で期限後申告となった場合、青色申告の承認が取り消されてしまうのである。

　法人の申告に関しては多くの場合、税理士等の専門家に依頼されており、税務代理に基づき申告書が提出される。もちろん、納税者側の資料不足や病気・入院等により期限内に集計が終わらず、結果として期限後申告となることは決して珍しいことではない。しかし、2事業年度連続で期限後申告となると、偶然ではなく必然であると判断されてもやむを得ないのかもしれない。ましてや、納税者側の過失により期限内に申告ができなかった訳ではなく、税理士事務所側の過失や提出失念等により2事業年度連続で期限後申告となってしまうと、納税者が受ける不利益は計り知れない。

2．類似する参考事例

　本CASEの内容に類似した事例として、納税者が意図せず2事業年度連続で期限後申告となってしまった場合に、青色申告の承認が取り消さ

れるか否かが争われた事例がある（福岡高判令和5年6月30日）。

　納税者は、税理士法人を税務代理人としていたが、当該税理士法人は、平成30年6月期の法人税確定申告書の提出期限（同年8月31日）を徒過し同年9月18日に電子申告を利用し法人税の確定申告を行った。さらに、平成元年6月期の法人税の申告期限（同年9月2日）も徒過し同年9月10日に電子申告を利用して法人税の確定申告を行ったため、課税庁は、納税者が2事業年度連続して確定申告書をその期限までに提出されていなかったことを理由として、法人税法127条1項4号に該当するとして、青色申告の承認を取り消した。納税者はこれを不服として提訴したが、裁判所は、2事業年度連続で確定申告書を提出しないことは、違反の程度として軽視することはできないものとし、その原因が、当該税理士法人が期限内に申告書の提出を失念したことによるものだとしても、納税者が代理人として当該税理士法人に申告手続を委任している以上、民法99条が規定するとおり、その法律効果は直接本人に帰属するため、名義人である納税者の行為として取り扱われるものと判示した。

3．その他の注意点

　青色申告の承認は、様々な税務上の特典を受けるために必要とされているだけではなく、対外的にも法人の信用度を表したものであり、金融機関等で融資を受ける際に大きな影響を受けることは否定できない。その重要性については、納税者よりも税理士事務所側が熟知している内容であり、期限内に申告を終えるために試行錯誤することは、業務を遂行するうえで必要なことであるため、今一度、基本に立ち戻って業務フローを見直すことが重要である。

立証のポイント・注意点

① 申告を依頼した税理士から、期限内に申告が完了したか否かの報告を受けるだけではなく、e-TaxやeLTAXでの申告が完了

した際には、受信通知等で申告完了の確認を取ることが望ましい。

② 期限後申告とならないためにも、決算までのスケジュールについて、納税者と税理士事務所の双方で進捗状況を含めた情報共有を行うことが不可欠である。

③ 決算時期が繁忙期と重なるため集計作業が遅延する可能性が見込まれる場合は、期限内申告が可能な時期に決算期を変更する等の対応が必要である。

④ 定款において「定時株主総会を３か月以内に招集する」と記載されている中小企業は、「申告期限の延長の特例」を提出しておくことで、法人税及び地方法人税、法人事業税、法人住民税以外にも消費税及び地方消費税についても１か月延長が可能となるため、予め申請の検討をしておくことが望ましい。

補 足

電子申告の集中する時期に差し掛かると、送受信が重くなるなど、余り良い状況とは言えない。そのため、日頃より通信環境を整えることはもちろん、時間に余裕をもった申告スケジュールを組むことをお勧めしたい。

参考裁判例

福岡地判令和４年12月14日：TAINS・Z272 - 13789

福岡高判令和５年６月30日：TAINS・Z888 - 2492

最決令和６年３月27日（不受理）：TAINS・Z888 - 2620

最判令和６年５月７日（棄却）：TAINS・Z888 - 2621

（四方田　彰）

第 2 章　法人税法

27 みなし配当規定における資本の払戻しの範囲 －利益剰余金の配当と資本剰余金の配当の接点－

CASE

　　弊社は、A子会社を傘下に収める内国法人です。A社の剰余金の配当につき、同一の株主総会の別個の議案で、利益剰余金を原資とする配当と、資本剰余金を原資とする配当について、効力発生日を同一日とする議決をしました。弊社はこれにより配当を受けましたが、別個の剰余金の配当として法人税法23条、24条を適用すべきですか。

=== ここが分かれ目 ～判断のポイント～ ===

　受取配当等の益金不算入（法法23①一）と配当等の額とみなす金額（法法24①四）の適用の区別について、法人税法では会社法の会社財産の払戻手続ではなく、分配される剰余金の原資の性質に即して判断する。

A

　　配当の原資が利益剰余金である場合は、利益部分の配当として法人税法23条の剰余金の配当に該当し、払戻しの原資に資本剰余金が含まれ、資本剰余金と利益剰余金を同時に減少させて剰余金の配当をする場合は、両者が法人税法24条の資本の払戻しに該当します（国税不服審判所裁決平成24年8月15日裁決事例集88集206頁：TAINS・J88－3－10）。

解　説

1．法人税法と配当等

　法人税法は、課税所得金額を益金から損金を控除した金額と定める（法法22①）。課税所得を構成しない原資の維持の基準として資本等取

123

引を定め（法法22⑤）、資本等取引を益金と損金の範囲から除外する。

　法人が株主たる地位に基づき受け取る配当は、法人の純資産を増加させ、企業会計上も収益に該当するから益金を構成するはずである。しかし、別段の定めの法体系である法人税法は、法人税法23条により、剰余金又は利益の配当、剰余金の分配等を株式等の保有割合に即してその一部又は全部を益金不算入とする。

　この取扱いは、租税法体系における法人税が、法人を株主の集合体として捉え、株主に対する所得税の前取りとして位置付けることに基因する（所法92）。法人の受取配当は、株主に対して所得税を課すことが予定される（所法174、24）ため、法人税法は所得税と法人税による二段階二重所得課税を排除し、法人間における配当に法人税が多重課税されることを排除する（法法23）。

　配当等は、法人から株主たる地位にある者に対して株主たる地位に基づいて行う金銭等の交付をする行為（会法105、453、最（大）判昭和43年11月13日民集22巻12号2449頁：TAINS・Z053－2380）であり、配当等の分配可能額の制限の要件を満たせば剰余金の配当ができる（会法461）。法人税法では、資本等取引として、法人の資本金等の額の増減を生じる取引、そして利益又は剰余金の分配及び残余財産の分配を定めている。

　さらに、法人の財産のうち、資本金等の額を法人が株主等から出資を受けた金額（法法２十六、法令８）と定め、利益積立金を法人の獲得所得のうち留保した部分（法法２十八、法令９）として定義し、区別する。

２．受取配当等の益金不算入

　法人税法23条の対象には、剰余金の配当のうち前者の資本剰余金を原資とする配当を除外し、後者の利益積立金を原資とする配当はその減少とともに包摂される。

　みなし配当を定める法人税法24条１項４号は、法人が、資本剰余金の減少を伴う資本の払戻し、解散による残余財産の分配等により金銭そ

124

の他の資産の交付を受ける場合に、その交付の起因となる法人の株式又は出資に対応する部分の金額を超える部分に対して、受取配当等の益金不算入の定め（法法23①）を適用し、利益又は剰余金の分配とみなす旨を定める。

株式の消却を伴わない資本金等の払戻しは、資本金から資本剰余金へ振り替えて、資本剰余金を減少させるものであるから、法人税法24条1項4号の対象となる。なお、資本の払戻しからみなし配当金額を除いた金額が有価証券譲渡損益として認識される（法法61の2①）。

法人税法24条の立法趣旨は、資本剰余金のみを原資とする配当であっても実質的観点からは利益部分の分配が含まれると評価できるから、その全部又は一部を受取配当とみなすことで、配当所得課税の回避を防止し、適正な課税を実現することにある（最判令和3年3月11日民集75巻3号418頁）。

３．参照判例

会社法は、利益剰余金を原資とする配当と資本剰余金を原資とする配当を同一の手続で行う（会法454）が、剰余金の配当等が双方の原資で構成される場合、法人税法24条1項4号の資本の払戻しの対象となるか否かが問題となる。

内国法人が、外国子会社から双方を原資とする剰余金の配当を受けることにつき、法人税法24条1項4号の資本の払戻しの対象は、原資に基づき別個独立のものとして資本剰余金を原資とする部分に限られるか、双方を一つのものとして全体が含まれるか否かが争われた判例がある（最判令和3年3月11日・前掲参照）。

裁判所は、会社法の剰余金の配当の原資は、①利益剰余金のみを原資とするもの、②資本剰余金のみを原資とするもの、③双方を原資とするものに区分され、法人税法24条1項4号は資本の払戻しを剰余金の配当（資本剰余金の額の減少に伴うものに限る。）とし、法人税法23条1項1号の剰余金の配当（資本剰余金の額の減少に伴うものを除く。）と

対になっており、両規定の文理等に照らせば、資本剰余金の減少する②及び③の剰余金の配当の全体が資本の払戻し（法法24①四）に、①は剰余金の配当（法法23①一）に該当すると判示した。

図表２－７　会社法上の剰余金の配当と法人税法の受取配当等の益金不算入規定

会社法上の配当の手続	利益剰余金を原資とする配当と資本剰余金を原資とする配当を同一の手続で行う（会法454）	
会社法の剰余金の配当の原資	①利益剰余金のみを原資とするもの	剰余金又は利益の配当、剰余金の分配等を株式等の保有割合に即してその一部又は全部を益金不算入（法法23①一）
	②資本剰余金のみを原資とするもの	全体が資本の払戻し（法法24①四）に該当し、交付の起因となる法人の株式又は出資に対応する部分の金額を超える部分に対して、受取配当等の益金不算入の定め（法法23①）を適用し、利益又は剰余金の分配とみなす
	③双方を原資とするもの	

立証のポイント・注意点

①　受取配当等の益金不算入（法法23①一）と配当等の額とみなす金額（法法24①四）の適用の区別について、法人税法では、会社法の会社財産の払戻し手続ではなく、分配される剰余金の原資の性質に即して判断する。

②　利益剰余金と資本剰余金を原資とする配当が同一の株主総会の

第2章　法人税法

> 別個の議案であるか否か、効力発生日が同一日か否かを検証する
> 必要がある。
> ③　法人税法24条の立法趣旨は、資本剰余金のみを原資とする配
> 当であっても実質的観点からは利益部分の分配が含まれると評価
> できるから、その全部又は一部を受取配当とみなすことで、配当
> 所得課税の回避を防止することにあるから、形式だけでなく、実
> 質的観点からも金銭その他の資産の交付を検証する必要がある。

補　足

　資本の払戻しにおけるみなし配当の計算の基礎となる払戻対応資本金
額等の計算方法につき、その直前の払戻等対応資本金額等の計算方法が
明確化され、令和5年1月1日以後の事業年度から減少資本剰余金額が
限度となること等の改正規定（法令23①四イ、五、8①十八イ、
十九）が適用されることとなった。

参考裁判例

東京地判平成29年12月6日：TAINS：Z267－13095
東京高判令和元年5月29日：TAINS：Z269－13276
最判令和3年3月11日（棄却）：TAINS：Z271－13541

（山本　直毅）

第 **3** 章

消費税法

28 課税標準 ―土地と建物の「価額」の接点―

CASE

当社は不動産貸付業を営む法人です。

この度、株式会社Ａに対して土地建物を約10億円で売却したため、土地建物売買契約書を締結しました。その契約書においては、消費税等相当額を含めて代金の合計金額のみを記載し、土地と建物それぞれの対価の額は記載していませんでした。

消費税の金額を計算する際には、土地と建物の価額を区分する必要があります。区分については固定資産税評価額で按分する方法もあるようですが、不動産鑑定士に鑑定を依頼した結果、売却価額約10億円のうち、約2億円が建物、約8億円が土地という区分ができると評価されました。したがって、この不動産鑑定評価額での区分を採用したいと考えていますが、いかがでしょうか。

=== **ここが分かれ目** ～判断のポイント～ ===

消費税の計算上、土地と建物を同時に売却した際のそれぞれの価額の区分は、売却時の時価として合理的に算出された価額によって按分することになる。

A

土地と建物を同時に売却した際、不動産売買契約書において合計金額のみを対価として取り決めることがあります。しかし、消費税等の計算の元となる売上げに係る消費税額を計算する場合、土地は非課税資産となるため、土地と建物を合理的に区分する必要があります。

契約等において、土地と建物の合理的な区分がされていないとき

130

第3章　消費税法

は、消費税法施行令45条3項において、売却時の時価による土地
と建物の価額の合計額を計算し、そのうちに建物の占める割合を売
却価額に乗じて計算した金額によって区分することとされています。
　売却時の時価の区分については、土地と建物の固定資産税評価額
が使われることが多いですが、不動産の個別事情を考慮した不動産
鑑定評価額等の価額をもってそれぞれの時価とすることもできると
考えられます。
　したがって、採用した不動産鑑定評価額が売却時の時価としてよ
り合理的である場合には、その比率をもって土地と建物の区分を行
うことができます。

解　説

1．消費税法施行令45条3項の考え方

　消費税の計算において、課税標準額（税率を乗じる元となる金額）を
計算する際、建物は課税資産、土地は非課税資産となるため、土地と建
物を合理的に区分して、建物のみの消費税額を把握する必要がある。
　消費税法施行令45条3項は、こういった課税資産と非課税資産を同
時に譲渡した際にその価額が合理的に区分されていないときは、「これ
らの資産の譲渡の対価の額に、これらの資産の譲渡の時における当該課
税資産の価額と当該非課税資産の価額との合計額のうちに当該課税資産
の価額の占める割合を乗じて計算した金額とする」と定めている。
　つまり、土地と建物の場合には、その合計額に、土地と建物の売却時
の時価の比率を乗じて按分することで、建物に係る消費税額を計算する
ことになる。

2．時価の考え方

　時価とは客観的な交換価値をいうものとされているが、必ずしも一律
のものではなく、不動産の個々の状況によって異なることが考えられる。

131

課税庁においてはこのような時価による合理的区分の例示として、①譲渡時における土地及び建物のそれぞれの時価の比率による按分、②相続税評価額や固定資産税評価額を基にした按分、③土地建物の原価（取得費、造成費、一般管理費・販売費、支払利息等を含む。）を基にした按分などにより合理的に区分することを公表している。この場合、それぞれの対価につき、所得税又は法人税の土地の譲渡等に係る課税の特例の計算における取扱いによって区分している場合は、その区分した金額によるものとされている（国税庁タックスアンサーNo.6301）。

３．裁判所の考え方

　本CASEと同様の事象について争われた事例として、東京地裁令和4年6月7日判決が挙げられる。

　本件の納税者は、土地と建物の価額を不動産鑑定評価による評価額によって区分して申告していたが、課税庁から固定資産税評価額がより合理的であると指摘されていた。

　つまり課税庁においては、本件固定資産税評価額は、土地は売買実例価額、家屋については再建築価額に基づいて評価されているので、土地及び建物ともに適正な時価（客観的な交換価値）を反映しているものと主張していた。

　しかし、裁判所は、主に土地の評価について、当時急激な上昇局面にあった土地の価額を参考に、当時の固定資産税評価額がこの地価の上昇を反映していないことに着目して、固定資産税評価相当額よりも、不動産鑑定評価額に基づいて土地と建物の価額を区分することが、より合理的に時価を表している旨の判示をした。

　過去の裁判例などでは固定資産税評価額に基づく区分を採用している事例もあることから、本件においては固定資産税評価額が急激な土地の価額変動と乖離していた点を重視した判決であったと考えられる。

立証のポイント・注意点

　固定資産税評価額は原則として3年ごとに評価替えを行うため、地価と乖離するようなケースもある。採用した方法が、売却時の時価を適切に反映しているかが時価算定のポイントとなる。

補　足

　上記裁判例における納税者が採用した不動産鑑定評価は、原価法及び収益還元法を適用したものである。

　土地や家屋における固定資産税の評価替えは3年に1度行われることになっているため、急激な地価の変動に対応しきれない場合がある。本件の土地の固定資産税評価額は、当初より過去約10年の間に大きく変動しており、本件売買のあった平成28年当時において平成26年以降の地価の上昇は反映されるに至っていなかった。

図表3-1　納税者と課税庁の土地・建物の価額の比較（契約上の合計金額10億0500万円）

	土地の価額（非課税資産）	建物の価額（課税資産）
納税者（不動産鑑定評価額に基づく割合での按分）77.30：22.70	8億0045万7455円	2億0454万2545円
課税庁（固定資産税評価額に基づく割合での按分）55.51：44.49	5億5787万4284円	4億4712万5716円

参考裁判例

東京地判令和4年6月7日：TAINS・Z272-13726

（茂垣　志乙里）

29 課税仕入れの範囲 ―国内取引と国外取引との接点―

CASE

当社は、日本国内において訪日ツアー客向けの土産物店を営んでおり、訪日ツアー客を呼び込むため、国外のツアー業者に対し、訪日ツアー客が当社の土産物店に立ち寄り、購入した金額に応じ手数料を支払う契約を結んでいます。

当該手数料は、訪日ツアー客を呼び込むために必要な経費であり、国内において役務の提供が行われていると判断して課税仕入れの対象になるものと考えていますが、そのような解釈で問題ないでしょうか。

=== ここが分かれ目 ～判断のポイント～ ===

国外の事業者からの役務の提供が課税仕入れに該当するか否かについては、契約書への記載内容の確認以外に、具体的な役務の提供が国内、国外のどちらで行われているかといった事実確認を行う必要がある。

A

まず、国外のツアー業者が行う役務提供が具体的に何であるのかを確認し、土産物店での売上げに応じて支払われる当該手数料に対する役務の提供が、国内、国外のどちらで実施されているのかを明らかにする必要があります。

そのうえで、役務の提供が国内、国外のどちらで実施されているのか明らかでないものは、役務の提供を行う者の事務所等の所在地とする規定に該当し、当該ツアー業者が国内に事業所を有していない場合、当該手数料は、国内において行った課税仕入れには該当しないことになります。

134

第3章 消費税法

解 説

1．税法における考え方

　消費税が課税される場所については、「国内において事業者が行った資産の譲渡等及び特定仕入れには、この法律により、消費税を課する」（消法4①）とあり、基本的には国内における取引を指している。

　また、資産の譲渡が国内において行われたかどうかの判定は、資産の譲渡等が役務の提供である場合、当該役務の提供が行われた場所が国内であるかどうかにより行うとされている（消法4③二）。

　さらに、国内及び国内以外の地域にわたって行われる役務の提供その他の役務の提供が行われた場所が明らかでないものについては、役務の提供を行う者の役務の提供に係る事務所等の所在地を役務の提供の場所とすることとされている（消令6②六）。

図表3－2　国内外で行われる役務の提供と課税仕入れ

役務の提供場所	課税仕入れの判定
国内において行われる役務の提供	課税仕入れの対象
国外において行われる役務の提供	課税仕入れの対象外
国内、国外のどちらで役務の提供が行われたか明らかでない役務の提供	役務の提供を行った事業者の事務所等の所在地により判定

2．本CASEへの当てはめ

　本CASEの場合、訪日ツアー自体は国内で行われるが、国外のツアー業者は手配を行うのみであることが多く、実際の役務の提供について、いつどこで行われたか不明な場合が多いように思われる。

　そのため、国内、国外のどちらで役務の提供が行われたか明らかでないものについては、最終的に国外ツアー業者の事務所等の所在地を役務の提供場所とすることとなる。

135

仮に、役務の内容や提供場所が契約書等で明示されており、国内と国外とに具体的に区分できる場合、国外ツアー業者に対して支出した手数料についても、国内と国外に分けて消費税の有無についても判断することが可能となる。

　ただし、役務の提供が国内と国外において連続して行われるもの及び同一の者に対して行われる役務の提供で、役務の提供場所が国内と国外の双方で行われるもののうち、その対価の額が合理的に区分されていないものについては、消費税法施行令6条2項6号の規定により判定することとなる（消基通5－7－15）。

　このように国内と国外において連続して行われるような類の役務の提供などは、どのような対価が国内、もしくは国外での役務の提供に該当するのか、予め契約書等で個別具体的に定めていなければ、合理的に区分することは事実上不可能と言っても過言ではない。

3．類似する参考事例

　本CASEと類似した事例として、国外の旅行業者への手数料が国内取引には該当しないと判断された事例がある（東京地判令和3年6月2日）。

　訪日ツアー客向けの免税店を経営する納税者は、国外の旅行業者（以下、「ランドオペレーター」とする。）との間で、売上代金の一部について手数料を支払う旨の契約を締結していた。

　このランドオペレーターから受けた役務の提供について、納税者は「国内において行った課税仕入れ」に該当するものとして消費税の確定申告を行ったところ、課税庁から「国内において行った課税仕入れ」には該当しないとして更正処分を受けた。

　当該処分について裁判所は、ランドオペレーターは国内に事務所等を有しておらず、ツアーガイドの選任や、ツアー客名簿の送付、手数料の計算などの役務の提供は、当該ランドオペレーターの国外の事務所から国内の納税者やツアーガイドに対し行われたものであり、役務の対価で

ある手数料の額が国内・国外に合理的に区分されているとはいえないと指摘し、「国内及び国内以外の地域にわたって行われる役務の提供その他の役務の提供が行われた場所が明らかではないものは、役務の提供を行う者の事務所所在地とする」(消令6②六)との規定に該当するものと認められるため、納税者がランドオペレーターに支払った当該手数料は「国内において行った課税仕入れ」には該当しないものと判示した。

4．その他の注意点

今後、コロナの収束や円安の進行に伴い、国外からの旅行者が今まで以上に増えることが予想される。

そのため、国外からの旅行者を受け入れる国内の事業者については、関連する国外の事業者からの役務の提供が国内、国外のどちらで行われているか、また、国内に事業所を有しているか否か等、予め確認を行っておくことが必要である。

立証のポイント・注意点

① 国外の事業者と契約を締結する際に、消費税の課税仕入れへの影響（役務の提供が国内・国外に、それぞれどのように配分されるか等）を考慮に入れた契約書の作成を行うことで、国内における役務の提供は、課税仕入れを適用することが可能となる。

② 一見して国外の事業者が国内のみで役務の提供を行っているように見える場合であっても、実際は、国外と国内の双方で役務の提供が行われている場合があるため、契約書等への記載内容の確認が必要である。

③ 課税仕入れの有無について、役務の提供を行った事業者の事務所所在地により判定を行う際に、当該事業者の本来の事務所所在地が、国内と国外のどちらにあるのか、請求書以外に契約書等で確認することが望ましい。

補　足

　令和5年10月以降、消費税のインボイス制度の導入に伴い、支払相手先のインボイス番号の確認が必要とされているが、インボイス番号が無い者に対する支払については経過措置が設けられているため、単純にインボイス番号の確認ができないことのみをもって、経過措置の対象と考えがちである。

　しかし、支払相手先が国内に事業所を有していない事業者の場合、そもそもインボイスの経過措置の対象に該当しないため、注意が必要である。

参考裁判例

東京地判令和3年6月2日：TAINS・Z271 − 13572
東京高判令和4年5月18日：TAINS・Z272 − 13716

（四方田　彰）

第3章　消費税法

30 課税仕入れ該当性をめぐる外注費と給与の接点

CASE

　　建築工事業を営む弊社では、従業員からの退職の申出を受けて、熟練の技術を持つ従業員であることを踏まえ、退職後は作業の外注先として、これまでどおりの作業に従事してもらいたいと考えています。従業員に意向を確認したところ、作業時間や作業内容が変わらないのであれば引き受けたいとのことでした。なお、従業員には他社から仕事の依頼を引き受ける予定はないようです。今後は、外注先となる元従業員に作成してもらう作業時間や作業内容に基づく請求書に従って報酬を支払う予定です。この報酬を外注費として取り扱うことは可能でしょうか。

ここが分かれ目 ～判断のポイント～

　　従業員の退職に伴う雇用契約の終了後、元従業員との間において請負契約を締結し、作業量に応じて報酬を支払う場合であっても、退職前後を通して作業内容やその実態に大きな違いがないと、従前どおりの給与であると認定される可能性がある。

A

　　報酬が外注費に該当するか否かを判断する際には、所得税法上の給与所得と事業所得を区別するための基準が参考となります。事業所得は、①独立性、②営利性・有償性、③反覆継続性の要件を充足する所得であり、給与所得は、①労務性、②従属性、③非独立性の要件を充足する所得であるとされます。

　　従業員は外注先となっても、これまでどおりの作業時間や作業内容であることを希望していますので、御社の指揮命令に服して労務を提供することになると思われます。従業員は他社から仕事の依頼

139

を引き受けないようですから、従業員には自己の計算と危険において独立して事業を営む意思がありません。御社と元従業員との間において請負契約を締結し、作業量に応じて報酬を支払うとしても、外注費ではなく給与と認定される可能性があると考えられます。

図表3－3　報酬の支払と課税仕入れ該当性

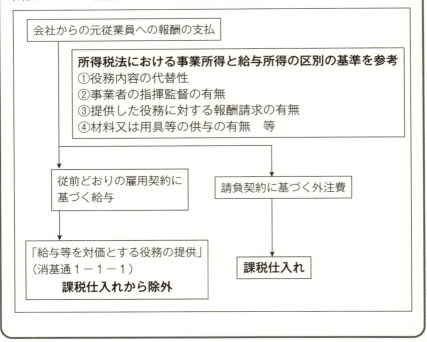

解　説

1．税法における考え方

　建築工事業などにおいては、会社が作業員を直接雇用するのではなく、請負の形態を採って、会社は一定の作業を依頼し、依頼を受けた者、いわゆる一人親方がその作業を行うことがある。特に、消費税法上、給

与と異なり外注費は課税仕入れとして、仕入税額控除の対象となることから、会社側には請負の形態を採用するメリットがある。

　この場合に、会社と一人親方との間において請負契約が締結されることから契約上、一人親方は仕事の完成を請け負うのみであり、会社の指揮命令に服する必要はない。しかし実際には、工事スケジュールや報酬の計算の関係などから、会社側から作業日、作業時間、作業内容が指示されており、作業に関して一人親方が自由に決定できないことがある。これでは、形式上は請負契約を締結しているものの、実質的には雇用契約に基づいて、会社の指揮命令に服して労務を提供しているのと変わらない。

　本CASEのように、会社を退職した従業員が退職前後を通して従前の作業を行う場合には、元従業員に支払う報酬は外注費に該当するのであろうか。

２．類似する参考事例

　消費税法上、会社が外注先となった元従業員に支払った報酬が課税仕入れに該当するか否かをめぐって、報酬が外注費あるいは給与のいずれであるかが争われた事件がある（東京地判令和３年２月26日）。

　裁判所は、所得税法における事業所得と給与所得の区別の基準を確認したうえで、消費税法基本通達１－１－１が、課税仕入れから除外される「給与等を対価とする役務の提供」に該当するか否かの判断にあたって参考となる基準であるとした。そして、対価が出来高払いの給与あるいは請負による報酬のいずれであるかを区別するために、①契約に係る役務の提供の内容が他人の代替を容れるかどうか、②役務の提供に当たり事業者の指揮監督を受けるかどうか、③まだ引渡しを完了していない完成品が不可抗力のため滅失した場合等においても、個人が権利として既に提供した役務に係る報酬を請求することができるかどうか、④役務の提供に係る材料又は用具等を供与されているかどうか等を検討し、報酬は給与に当たることから、課税仕入れに該当しないとの判断を下した。

141

この事件では、会社は、従業員の雇用保険の資格喪失届を提出し、報酬を外注費として取り扱っており、元従業員も、報酬を事業所得として申告をしていた。しかしながら、裁判所は、元従業員が予定されていた作業を休む場合には、会社が代替の者を手配していたことや、元従業員には、依頼した作業が完成しなかったとしても、作業日数に応じた報酬が支払われていたことを確認して、たとえ元従業員が手持ちの工具を用意し、作業場に持参していたとしても、元従業員は、納税者の指揮命令に服して労務を提供していたとした。

3．その他の注意点

　従業員との雇用契約を終了させ、請負契約を締結するのみでは、元従業員に支払う報酬を外注費として取り扱うことはできない。会社を退職した元従業員が独立して事業を営んでいること、具体的には、元従業員が他社の業務を請け負うなど、独立した立場にあることを外部からも客観的に認識できることが、会社が報酬を外注費として取り扱うための前提となる。もっとも、元従業員がどの程度、他社の業務を請け負っているかを会社が把握していること自体が独立性を否定する要素のようにも思われる。

　また、その他の外注先との契約内容を踏まえて、元従業員に支払う報酬が、請負による役務の提供の対価であることの適正性を明らかにすることも必要であろう。

立証のポイント・注意点

① 消費税法基本通達１－１－１に定める課税仕入れから除外される「給与等を対価とする役務の提供」に該当するか否かの判断にあたっては、所得税法における事業所得と給与所得の区別の基準が参考となる。

② 従業員との雇用契約を終了させ、請負契約を締結するのみで

第3章　消費税法

> は、会社を退職した元従業員に支払う報酬を外注費として取り扱うことはできず、元従業員が独立して事業を営んでいることを、外部からも客観的に認識することができることが必要である。
> ③　元従業員が他社の業務を請け負っていることや元従業員以外の者との契約内容を踏まえて、元従業員に支払う報酬が適正であることなどを、客観的に証明しなければならない。

補　足

　元従業員に対して支払う報酬を外注費として取り扱うためには、雇用契約から請負契約へ契約類型を変更するのみでは十分ではなく、退職後に元従業員が独立した立場で事業を営み、請け負った仕事の完成を目的とした業務を行っていることを客観的に証明しなければならないことに注意されたい。

参考裁判例

東京地判令和3年2月26日：TAINS・Z271 – 13529
東京高判令和3年8月24日：TAINS・Z271 – 13595
最決令和4年2月3日（棄却・不受理）：TAINS・Z272 – 13666

（谷口　智紀）

143

31 立退料の「資産の譲渡等」該当性 ―契約上の地位の消滅と移転の接点―

CASE

　　当社はパチンコ店の経営を営む法人（Ａ社）です。Ｃ社から土地と建物を賃借して経営を行ってきましたが、近年、集客が困難となり、売上げが減少したため、事業を撤退することにしました。撤退にあたり、同業者を探していましたが、かねてより大型店舗を出店したいと考えていた中古自動車販売を行うＢ社と協議を進めることになりました。

　　そのため、パチンコ店舗用各種設備の撤去等及び営業権等を消滅せざるを得なくなり、相当の損失が生じるため、Ｂ社に対しその補填として２億円の立退料を求めることになりました。

　　この立退料は、消費税の課税の対象となる「資産の譲渡等」に該当しないものとして処理する予定ですが、いかがでしょうか。

ここが分かれ目 ～判断のポイント～

　賃貸借契約の解除に伴って収受する立退料が、消費税の課税の対象となる「資産の譲渡等」に該当するか否かの判断基準は、その立退料が、「賃貸借の権利（賃借人たる地位）」が消滅することの補償として収受するものであるか、もしくは、「賃貸借の権利（賃借人たる地位）」を第三者に対する譲渡（移転）の対価として収受するものであるのかがポイントとなる。

Ａ

　立退料の収受の対価が、そもそもの原契約における契約上の地位をＢ社に移転することではなく、単なるＡ社の損失の補填であって対価性はないと認められた場合には、消費税の課税の対象となる

第3章　消費税法

> 「資産の譲渡等」には該当しない、いわゆる「不課税取引」として
> 扱って良いものと考えられます。

解　説

１．消費税の「資産の譲渡等」の考え方

　消費税は、物品やサービスの各取引段階において付与される付加価値
に着目して課税するものである。

　消費税の課税の対象には、具体的に①国内において②事業者が事業と
して③対価を得て行う④「資産の譲渡等」が該当するものとされている。

　ここにいう「資産の譲渡等」とは、事業として行われる資産の譲渡（商
品や製品などの販売）、資産の貸付け及び役務（サービス）の提供をい
うものとされている。

　また、この「資産の譲渡等」は「対価を得て行うもの」とされており、
「対価を得て行う」とは、金銭の授受の反対給付として物品の販売や貸
付け、サービスの提供が伴うことを指す。したがって、寄附金や補助金
などで反対給付がないものは、原則として対価とは認められず、これら
を受け取ったとしても原則として消費税の課税の対象にはならない「不
課税取引」とされる。

２．「資産の譲渡等」の考え方

　「資産の譲渡等」における「資産」とは、棚卸資産又は固定資産のよ
うな有形資産のほか、権利その他の無形資産が含まれるとしている（消
基通５－１－３）。また、「資産の譲渡」とは、資産の同一性を保持しつ
つ、それを他人に移転することをいうとされている（消基通５－２－１）。

　また、消費税法基本通達５－２－７では賃貸借契約の解除に伴う立退
料について「建物等の賃借人が賃貸借の目的とされている建物等の契約
の解除に伴い賃貸人から収受する立退料は、賃貸借の権利が消滅するこ
とに対する補償、営業上の損失又は移転等に要する実費補償などに伴い

145

授受されるものであり、資産の譲渡等の対価に該当しない」としている。

ただ、一方で、「建物等の賃借人たる地位を賃貸人以外の第三者に譲渡し、その対価を立退料等として収受したとしても、これらは建物等の賃借権の譲渡に係る対価として受領されるものであり、資産の譲渡等の対価に該当することになるのであるから留意する」と加え、その立退料の性質が、「賃貸借の権利（賃借人たる地位）」が消滅することの補償であるのか、第三者に対する譲渡（移転）であるのかによって、「資産の譲渡等」の該当性を判断するものと示している。

3．最近の判決における考え方

本CASEと類似の事象について争われた事例として、広島地裁令和6年1月10日判決が挙げられる。

この事例では、協定の締結のほかに、A社とB社の間で「契約上の地位」を移転させる旨の覚書合意を交わしている点について、課税庁から立退料が「契約上の地位」の譲渡の対価として「資産の譲渡等」に当たると指摘されていた。

しかし裁判所は、覚書合意には確かに原契約上の地位を移転させる旨が合意されているものの、実質をみると「もっぱら、原告が本件不動産から撤退した（賃料を支払う理由がなくなった）後もB社が本件原契約の賃料を継続して支払うという法形式を採ることで、C社が賃料を得られない期間をなくすこと」などを目的として締結されたものといえるとして、「契約上の地位の移転」そのものが目的ではないことを判示した。

図表3-4

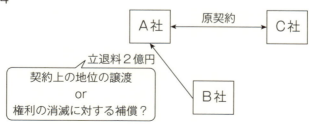

立証のポイント・注意点

　原契約上の地位の消滅に基づいて支払われたものか否かのポイントは次のとおりである。
　①　Ａ社は同業者を探していたにもかかわらず、土地のみを希望するＢ社と協議せざるを得なくなり、その結果Ａ社の営業に係る権利等の喪失、店舗用各種施設の撤去費用などが生じることになったこと。
　②　上記補償をＢ社に求めたため、Ａ社とＢ社は損失補償金に関する協定を締結するにいたったこと。

補　足

　裁判例では、契約内容よりも取引の実質を重視した結果納税者の主張が認められているが、税法上の重要な取扱いを十分把握したうえで、私法上の契約を行うことが肝要であるといえる。

参考判例等

広島地判令和６年１月10日：TAINS・Z888－2557

（茂垣　志乙里）

32 | 仕入税額控除 ─帳簿等と請求書等の保存期間との接点─

CASE

私は個人事業（青色申告）を行っており、消費税の一般（原則）課税を選択しています。消費税の計算において仕入税額控除の適用を受けるためには、帳簿や請求書等の保存が必要であると聞きました。帳簿の保存期間については7年間と聞いていますが、消費税の課税仕入れに関する請求書等の保存期間も7年間必要ということで良かったでしょうか。

━━ **ここが分かれ目** ～判断のポイント～ ━━━

所得税法上、個人の青色申告者の帳簿等は7年の保存期間が求められており、決算関係書類や現金預金取引関係書類も同様に保存期間は7年である。一方、その他の書類（請求書、見積書、契約書、納品書、送り状など）についての保存期間は5年となっている。

A

従前、消費税の計算において仕入税額控除の適用を受けるためには、課税仕入れ等の事実を記載した帳簿及び請求書等を7年間保存することとされており、6年目と7年目については、帳簿か請求書等のいずれか一方を保存すれば良いとされていました。

適格請求書等保存方式（インボイス制度）導入以降、受領した請求書は勿論、発行した請求書も課税期間の末日の翌日から2月を経過した日から7年間、保存が必要となります。

解　説

1．税法における考え方

インボイス制度の導入に伴い、令和5年10月1日以降、消費税の仕

148

第3章　消費税法

入税額控除の適用を受けるためには、消費税法施行令50条1項但書き
（課税仕入れ等の税額の控除に係る帳簿等の保存期間等）、同令70条の
13第1項（交付した適格請求書の写し等の保存）等の規定により、発
行もしくは受領した請求書については、課税期間の末日の翌日から2か
月を経過した日から7年間の保存が必要になる。

　従前、特例的な取扱いとして、税込の支払額が3万円未満の場合に
は、請求書等の保存を要せず、法定事項が記載された帳簿のみでよいこ
ととされていたが、令和5年10月1日からインボイス制度が開始され
たことにより、仕入税額控除の適用を受けるためには、例外（「3万円
未満の公共交通機関による旅客の運賃」、「出荷者等が卸売市場において
行う生鮮食料品等の販売」、「生産者が農業協同組合、漁業協同組合又は
森林組合等に委託して行う農林水産物の販売」、「3万円未満の自動販売
機及び自動サービス機により行われる商品の販売等」、「郵便切手類のみ
を対価とする郵便・貨物サービス」）を除き、原則として一定の事項を
記載した帳簿及び請求書等（適格請求書等）の保存が必要となるため注
意が必要である。

図表3－5　　3万円未満の仕入税額控除の例外

令和5年9月30日 以前	税込の支払額が3万円未満の取引	請求書等の 保存が不要
令和5年10月1日 以降	税込3万円未満の公共交通機関による旅客の運賃、自動販売機等により行われる商品の販売等	適格請求書等の 保存が不要

2．類似する参考事例

　本CASEの内容と同様に、請求書等の保存期間が争点となった事例
（国税不服審判所裁決令和4年11月9日）が参考になる。
　野菜の生産・販売を事業として営む個人事業者が税務調査を受けた際

149

に、各総勘定元帳の提示は行ったが、法定請求書等は提示されておらず、法定請求書等の交付を受けなかったことについてやむを得ない理由の記載もなかった。そのため、原処分庁は、支払対価の額の合計額が３万円以上の取引について仕入税額控除は認められないとして、青色申告の承認取消処分、各更正処分、過少申告加算税及び重加算税の各賦課決定処分等を行った。これら処分に対し、納税者は不服として審査請求に及んだ。

審判所は、仕入税額控除を受ける際の請求書等の保存については、法定申告期限の翌日から５年間保存すれば足りることを確認し、当該保存が必要な期間は、平成26年課税期間は令和２年３月31日まで、平成27年課税期間は令和３年３月31日まで、平成28年課税期間は令和４年３月31日までとなり、平成26年課税期間については、調査初日（令和２年12月）の時点において請求書等の保存を要する期間を既に経過していることから、この期間についての原処分庁の主張を斥けた。

３．その他の注意点

インボイス制度の導入以降、適格請求書の発行が順調に進んでいる事業所も多いものと思われる。その一方で、令和６年１月から電子帳簿保存法に関する宥恕規定が無くなり、多くの事業所において発行した請求書等の電子データについての保存が義務化となった。保存期間は７年間と紙の場合と変更は無いが、電子データで受領した請求書等についても電子データとして保存することが求められ、原則として紙に印刷した形で保管することができなくなった。

いずれにしても、まずは電子データで発行した請求書や電子データで受領した請求書等について保存を行う必要があるが、保存場所の確保や年度ごとに解りやすいように分類する必要がある。業務で使うパソコン内や外付けのストレージ等に保存する企業も多いように思われるが、トラブルが発生しデータそのものを閲覧できなくなった場合、保存義務を満たさないこととなってしまうため十分注意されたい。

第3章　消費税法

 立証のポイント・注意点

① インボイス制度導入前は、仕入税額控除の適用を受けるためには、帳簿及請求書等を７年間保存することとされており、６、７年目については、帳簿か請求書等のいずれか一方で良いとされていた。
② インボイス制度導入以降、消費税の仕入税額控除を受けるためには、課税仕入れ等の事実を記載した帳簿及び請求書等を７年間保存する必要がある。
③ インボイス制度導入前は、特例的な取扱いとして、税込の支払額が３万円未満の場合には、請求書等の保存を要せず、法定事項が記載された帳簿のみで良いとされていた。
④ インボイス制度導入以降、仕入税額控除を受ける際の例外的取扱いは、税込３万円未満の公共交通機関による旅客の運賃や自動販売機等により行われる商品の販売等、その内容が限定されている。

補　足

　紙で受領した請求書等はスキャンの後タイムスタンプ等を付与することで、書類そのものの保存は必要なくなる。その一方で、訴訟等により請求書等の存否が争われた際には、スキャンデータが証拠として採用されるか否かわからないため、紙の請求書等も一定期間並行して保管するほうが賢明かもしれない。

参考判例等

国税不服審判所裁決令和４年11月９日：TAINS・J129 − 4 − 07

　　　　　　　　　　　　　　　　　　　　　　（四方田　彰）

33 仕入税額控除の可否 ―出品サービス料と役務の提供が行われた場所の接点―

CASE

　私は、インターネット上のウェブサイト「Amazonマーケットプレイス」で、CD、DVD、書籍等の商品を出品し、販売する事業を営んでいます。米国アマゾン社との契約において、出品サービスを利用しており、販売手数料、カテゴリー成約料、毎月前払いかつ返品不可である出品手数料及びアマゾンとの契約に定められたその他の適用料金を支払っています。契約当事者は米国アマゾン社ですが、実質的な役務の提供場所は日本であるとして、平成21年12月期から平成25年12月期の各課税期間に支払った上記手数料に係る消費税額を、各課税期間に係る課税標準額に対する消費税額から控除することはできるでしょうか。

ここが分かれ目 ～判断のポイント～

　仕入税額控除の対象となるか否かは、役務の提供が行われた場所が国内にあるか否かにより判断される。

　役務の提供が行われた場所が明らかでない場合は、役務の提供に係る事務所等の所在地が国内にあるかどうかにより判断される。

A

　相談者は、米国アマゾン社との間で出品サービスの契約を締結し、米国アマゾン社から出品サービスに係る役務の提供を受けて、その利用の対価として出品手数料を支払っていたといえます。したがって、出品サービスに係る役務の提供を行う者は、米国アマゾン社であり、米国アマゾン社の事務所等の所在地が米国にあることからすれば、役務の提供が行われた場所は米国であり、支払った出品手数料は仕入税額控除の対象となる課税仕入れに該当しません。

152

第3章　消費税法

解　説

1．税法の考え方

　消費税法30条1項は、事業者が、国内において行う課税仕入れについては、仕入税額控除の対象となる旨を定めている。同法4条3項2号は、資産の譲渡等が国内において行われたかどうかの判定について、「役務の提供」は当該役務の提供が行われた場所が国内にあるかどうかにより行うとしたうえで、当該役務の提供が運輸、通信その他国内及び国内以外の地域にわたって行われるものである場合等については政令で定めるとする。

　そして、これを受けた同法施行令6条2項6号は、前各号において列挙された役務の提供以外のもので国内及び国内以外の地域にわたって行われる役務の提供その他の役務の提供が行われた場所が明らかでないものについては、役務の提供を行う者の役務の提供に係る事務所等の所在地が国内にあるかどうかにより判断するものとしている。

2．類似裁判例

　類似裁判例（東京地判令和4年4月15日・後掲参照）では、裁判所は、「事務所等」の意義について、当該役務の提供に直接関連する事業活動を行う施設をいうものと解され、その所在地をもって、役務の提供場所に代わる課税対象となるか否かの管轄の基準としている趣旨からすれば、当該役務の提供の管理・支配を行うことを前提とした事務所等がこれに当たると解するのが相当であるとした。

図表3－6　サービスの利用が日本で行われた場合

	契約当事者
出品サービス	米国アマゾン社
FBAサービス	日本アマゾン社

153

納税者は、役務の提供が行われた場所の判定にあたっては、物理的な役務提供地のみならず、実質的に役務提供を指示した場所がどこであるかが重要であるとして、次の3点を主張した。

　①出品サービスは、日本国内で完結している人や物の流れに付随するものであることからすれば、そのサービスの提供も国内でされたと認めるべきである。

　②出品サービスに係る役務は、日本国内のサーバーから提供されていたことは明らかであるから、出品サービスに係る役務の提供場所は日本国内である。

　③出品サービスは、掲載された商品に係る情報が閲覧されることによって初めて効果を発揮するものであるから、日本国内に居住する者が閲覧した情報に関する商品の掲載サービスの提供は、日本国内で行われたと考えるべきである。

　裁判所は、納税者の主張①については、役務の提供が行われた場所が国内にあるかどうかの判定は、当該役務の内容又は種類に着目して行うべきものであり、納税者が主張するように当該役務の提供を受けて営まれる事業の実態や範囲に着目して行うものと解すべき法令上の根拠は見当たらないとした。

　主張②については、証拠によっても、出品サービスに係る役務が日本国内のサーバーから提供されていたと認めることはできず、出品サービスは、全世界の人々が納税者の商品に関する情報を閲覧することを可能にするものであることを踏まえれば、仮に、その役務が日本国内のサーバーから提供されていたとしても、そのことから直ちに出品サービスに係る役務の提供が行われた場所が日本国内であるということもできないとした。

　さらに、主張③については、米国アマゾン社が、出品サービスに関して、日本国内に居住する者に対する役務の提供と日本国外に居住する者に対する役務の提供を区別して行っていることをうかがわせる事情はな

154

いから、日本国内に居住する者が閲覧した情報に関する商品の掲載サービスの提供のみを取り出して、当該役務の提供場所が日本国内であるとはいえないとして、出品手数料は仕入税額控除の対象となる課税仕入れに該当しないと判断した。高裁判決（東京高判令和4年12月8日・後掲参照）も、地裁判決を支持して納税者の請求を棄却している。

立証のポイント・注意点

　平成27年度改正により、資産の譲渡等が国内において行われたかどうかの判定について、電気通信利用役務の提供である場合には、当該電気通信利用役務の提供を受ける者の住所もしくは居所又は本店もしくは主たる事務所の所在地によって判断する（消法4③三）と規定された。

参考裁判例

東京地判令和4年4月15日：TAINS・Z272－13703
東京高判令和4年12月8日：TAINS・Z272－13784

（横井　里保）

34 賃貸用マンションの転売事業 ―課税対応課税仕入れと共通対応課税仕入れの接点―

CASE

　弊社は、資産価値と収益力を向上させるバリューアップを行った中古の賃貸用マンションを顧客に転売する事業を行っています。弊社が転売を目的として購入した中古の賃貸用マンションの全室が住宅として貸し付けられていたことから、弊社は、賃貸人たる地位を承継し、マンションを転売するまでの間、賃料を収受しました。

　弊社の課税売上高は5億円を超えており、課税売上割合は95％を下回っています。消費税の申告において、弊社は、マンションの購入に係る消費税額の全額を控除対象仕入税額とすることはできますか。

ここが分かれ目 ～判断のポイント～

　消費税額の全額を控除対象仕入税額とするには、転売までの間、賃料を収受したという事情を踏まえても、賃貸用マンションの購入（課税仕入れ）が、資産の譲渡等にのみ要するもの（課税対応課税仕入れ）に該当するかが問題となる可能性がある。

A

　判例では、課税資産の譲渡等とその他の資産の譲渡等の双方に対応する課税仕入れは、事業に関する事情等を問うことなく、共通対応課税仕入れに該当することになると判断されました。課税資産の譲渡等に該当する建物の販売のみならず、その他の資産の譲渡等に該当する住宅の貸付けをも行う場合には、中古の賃貸用マンションの購入は、共通対応課税仕入れに区分され、控除対象仕入税額は、課税仕入れに係る消費税額に課税期間に係る課税売上割合を乗じた金額となる可能性があります。

156

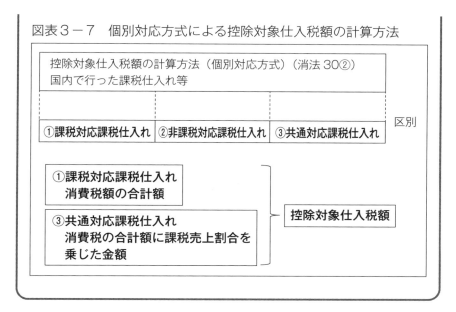

解説

1．税法における考え方

　消費税の課税対象となる資産の譲渡等とは、事業として対価を得て行われる資産の譲渡及び貸付け並びに役務の提供である（消法4①、2①八）。一方で、国内において行われる資産の譲渡等のうち、住宅の貸付けや土地の譲渡などの一定の非課税取引は、消費税の対象から除外されている（消法6①）。

　消費税は付加価値税であることから、課税期間中に国内において行った課税仕入れ等に係る消費税額を控除するという仕入税額控除制度が採用されている（消法30①）。事業者の課税売上高が5億円を超え、又は課税売上割合が95％に満たない場合の控除対象仕入税額の計算方法の一つが個別対応方式である（消法30②一）。具体的には、課税期間中に国内において行った課税仕入れ等を、①課税資産の譲渡等にのみ要する

もの（課税対応課税仕入れ）、②その他の資産の譲渡等にのみ要するもの（非課税対応課税仕入れ）、③課税資産の譲渡等とその他の資産の譲渡等に共通して要するもの（共通対応課税仕入れ）に区別して、課税対応課税仕入れについては消費税額の合計額、共通対応課税仕入れについては原則として、消費税額の合計額に課税売上割合を乗じた金額が控除対象仕入税額となる（消法30②一）。

２．類似する参考事例

転売用の各建物に係る課税仕入れの用途区分をめぐって、各課税仕入れが課税対応課税仕入れと共通対応課税仕入れのいずれに区分されるべきであるかが争われた事例がある（最判令和５年３月６日）。

この事件では、課税仕入れ等の用途区分に係る判断において、当該課税仕入れ等を行った日（仕入日）を基準に、事業者が将来におけるどのような取引のために当該課税仕入れ等を行ったのかを認定して行うべきかが問題となった。

最高裁は、課税資産の譲渡等とその他の資産の譲渡等の双方に対応する課税仕入れは、当該事業に関する事情等を問うことなく、共通対応課税仕入れに該当すると解するのが消費税法の趣旨に沿うとしたうえで、課税対応課税仕入れとは、当該事業者の事業において課税資産の譲渡等にのみ対応する課税仕入れをいい、課税資産の譲渡等のみならずその他の資産の譲渡等にも対応する課税仕入れは、全て共通対応課税仕入れに該当するとした。したがって、各建物を転売目的で購入した場合であっても、納税者が転売までの間、賃料を収受したのであれば、各課税仕入れは、納税者の事業における位置付けや納税者の意図等にかかわらず、共通対応課税仕入れに該当するとの判断を下した。

３．その他の注意点

最高裁は、納税者が転売までの間、賃料を収受した点に着目し、住宅の貸付けとしての非課税取引に該当する部分がある以上、各課税仕入れは、課税資産の譲渡等のみならずその他の資産の譲渡等をも含むことか

ら共通対応課税仕入れに該当するとしている。この考え方を踏まえると、課税取引と非課税取引の区別は、納税者の事業に関する事情等を問うことなく、課税資産の譲渡等のみであるかを形式的に判断することになるといえよう。

立証のポイント・注意点

① 住宅の貸付や土地の譲渡などは、消費税法6条1項に規定する非課税取引に当たることから、消費税の課税対象となる資産の譲渡等から除外される。
② 消費税法30条2項1号に規定する課税対応課税仕入れは、当該事業者の事業において課税資産の譲渡等のみ対応する課税仕入れをいい、課税資産の譲渡等のみならずその他の資産の譲渡等にも対応する課税仕入れは、全て共通対応課税仕入れに該当する。
③ 建物を転売目的で購入した場合であっても、納税者が転売までの間、賃料を受領したのであれば、課税仕入れは、納税者の事業における位置付けや納税者の意図等にかかわらず、共通対応課税仕入れに該当する。

補　足

　控除対象仕入税額の計算においては、課税仕入れを、課税対応課税仕入れ、非課税対応課税仕入れ、共通対応課税仕入れのいずれに区別すべきかが問題となるが、資産を貸し付けて賃料を収受した場合には、資産の転売が主たる目的であったとしても、共通対応課税仕入れに該当することに注意されたい。

参考裁判例

東京地判令和 2 年 9 月 3 日：TAINS・Z270 – 13448
東京高判令和 3 年 7 月 29 日：TAINS・Z271 – 13594
最判令和 5 年 3 月 6 日（棄却）：TAINS・Z888 – 2480

（谷口　智紀）

第3章　消費税法

35 給与と外注費の接点（運輸業）

CASE

　当社はバイク便による運送事業を行っています。事業形態は当社所有のバイクを、従業員に貸与して配達をしてもらい、待合室での待機時間を含めた労働時間を基本給とし、配達1件毎の報酬の歩合を併せて支給してきました。

　今回、従業員から自分のバイクを持ち込むので、業務委託として外注扱いにしてほしいとの要望がありました。そのため、運送業の緑ナンバーの取得と保険加入を条件に許可する方向で検討しています。従来の給与に持ち込み車両手当を追加して、外注費として支払うと税務上、何か問題となりますか。

ここが分かれ目 ～判断のポイント～

　車両（道具）が持込みとなることで、個人事業主側が危険を負担していることは外注費と判断する重要な根拠となる。例えば、待機時間については、受注待ちの待機時間と荷主都合の待機時間があるが、受注待ちの待機時間に応じて支給される報酬であると、給与と判断される可能性がある。指揮監督の有無に関しては、荷主からの配達指示書に記載された時間（配達中）は当然拘束されるとしても、指示書に記載が無い時間に関しても元請けの指揮監督下にあれば、給与であると判断される可能性がある。

A

　事例のような場合を外注費として処理すると、税務調査において、給与認定され消費税の修正や源泉所得税の納付を指摘される可能性があります。また、従来の給与制度をそのままとしたうえで持ち込み車両手当を追加しただけでは、雇用形態に何らの変化も無

161

く、雇用は継続しているものと判断される可能性があります。待機時間を「残業手当」等として扱うことも給与であると判断されかねません。そのため、拘束時間としての基本給では無く、国土交通省に届出した運賃届けを基本に、付帯料金の請求として併せて請求してもらう必要があります。

　また、請求事務に関しては、本来は個人事業主側において行う必要があります。そのため、運賃届けの記載内容では簡素すぎるので、国土交通省の指導による運賃と料金を分けた報酬体系を整備したうえで、運送業務委託基本契約を事前に締結しておくことが望ましいと思われます。

解　説

　コロナ禍の厳しい労働環境の中で、新しい仕事のあり方、働き方の改革が求められている。業務委託契約による外注化により雇用か請負なのかといった関係はより複雑化している。ウーバーイーツの配達員は同社との間には雇用契約は無く、業務委託契約となっているので個人事業主として確定申告が必要である。

１．税法の考え方

　個人が行う業務が、支払う側にとって給与もしくは外注費のいずれに該当するのかといった点については、昭和56年の弁護士顧問料事件等、数々争われてきた。平成21年に発遣された個別通達「大工、左官、とび職等の受ける報酬に係る所得税の取扱いについて（法令解釈通達）」は、給与部分と事業部分の両者の混合として取り扱う処理から決別した見解として参考すべき一つではあるが、業種が限定されている。

２．事業者とは

　広く納税者側が考慮すべき必要があるのは、消費税法基本通達１－１－１に定める「事業者」の取扱いである。同通達によると、区分が明ら

かでないときは、次の事項を総合勘案して判定するものとされている。

消費税法基本通達1－1－1

⑴　その契約に係る役務の提供の内容が他人の代替を容れるかどうか。

⑵　役務の提供に当たり事業者の指揮監督を受けるかどうか。

⑶　まだ引渡しを了しない完成品が不可抗力のため滅失した場合等においても、当該個人が権利として既に提供した役務に係る報酬の請求をなすことができるかどうか。

⑷　役務の提供に係る材料又は用具等を供与されているかどうか。

３．参考裁判例の考え方

　許可業である一般貨物自動車運送業を営む法人の大型トレーラーの運転手に、社保加入の定額固定給部分（給与）と、積荷、走行距離に応じた歩合部分（外注費）をそれぞれ支給していた混合処理の事例があり、以下のような事実から給与であると判断された。

①　運転手に業務が出来ない事情がある場合には、他の運転手や外注先に依頼していた。運送業務が終わった後も、雇用契約社員と同様の乗務日報を提出させて管理していた。

　　完全な外注先に対しては、荷物の遅着等の事故があった場合にのみ、乗務日報を提出させていた。

②　運転手は、貨物自動車運送事業許可を得ていなかったので、業務を行うことは法令上許されていなかった。報酬は、荷物の内容や走行距離に応じて支払われていたが、このような出来高制の賃金形態は雇用関係でもあり得る。会社は報酬の一部を給与として扱い、源泉所得税、社会保険料を徴収していた。

③　運転手が業務に使用する車両について、リースなどにより運転者を契約上の名義人としていたが、会社を使用者として事業ナンバーを取得し、減価償却費を計上し、保険についても会社が一括で加入していた。

立証のポイント・注意点

① 事業主体の明確化
　免許や届出が必要な事業を行う場合においては、監督官庁に許可や届出をしている主たる事業者が誰であるのかを明確にしておく必要がある。
② 契約書の整備
　主たる事業上の経営リスクを負っていない場合には給与と判断されてしまうことも多い。契約内容を十分に説明できるように整備する必要がある。

補足

　届出が不要な自転車や124cc以下のバイクを使った配送、貨物軽自動車（4ナンバー）や2輪車を運輸支局に届出する貨物軽自動車運送事業は1台から事業を開始できるので、開業時のハードルはあまり高くない。貨物軽自動車運送事業の届出をして営業用ナンバーを取得しているような個人事業者は、本質的には、自らの責任において事業を行っている個人事業者ではあるが、運輸支局へ届出した運送料金との整合性、車両の保険契約料の負担の有無、荷受け待機時間等の報酬の取扱いに関する扱い等、契約書の記載方法の違いにより、給与と判断されてしまう可能性があるため注意が必要である。

参考裁判例

札幌地判令和元年11月29日：TAINS・Z269－13348
札幌高判令和2年11月12日：TAINS・Z270－13480

（小野木　賢司）

第3章　消費税法

36 届出書の有効性と送付される申告書の接点

CASE

　　15年前に消費税の課税事業者となって以来ずっと本則課税により申告を行っています。この15年間、課税庁からはずっと本則課税用の申告書が送付されてきていました。しかし、税務調査を受けた際、15年前に課税事業者届出書と共に簡易課税制度選択届出書の提出がされていたため、本則課税ではなく簡易課税によって計算すべきと指摘を受けました。

　　15年前に課税事業者となった際、同時に税理士を変更しています。課税事業者届出書は変更前の税理士が提出していますが、簡易課税制度選択届出書の提出状況は不明です。そのため、課税庁から送付されてきた申告書をもとに本則課税にて申告を行ってきました。仮に、変更前の税理士から簡易課税制度選択届出書が提出されていたとしても、課税庁から送付されてきた申告書に従ったものであり、契約解除直前に提出された届出書は無効と考えていますが、それでも簡易課税で申告をするべきでしょうか。

ここが分かれ目 ～判断のポイント～

　消費税においては、特に、届出書提出の有無が納税額に大きな影響を与えることがある。課税庁から送付される申告書や、従前の申告状況等によって安易に判断するのではなく、届出書の提出状況を確実に確認することが重要である。

165

A

　送付されてきた申告書が本則課税のものであったからといって課税庁が本則課税によって申告するべきと認定していたとまでは言えません。従前の税理士との契約解除直前であったとしても、有効な届出書が委任した税理士から提出されていたのであれば、簡易課税により申告する必要があります。

解　説

　契約解除を伝えていた税理士が課税事業者届出書と共に簡易課税制度選択届出書を提出していたが、納税者は、簡易課税制度選択届出書が提出されていたことは知らなかった。

　納税者が知らなかったとしても、要件の整った届出書が委任している税理士から提出されている以上、有効な届出であり簡易課税で申告するべきという判断になる。これを覆すには、課税庁が「本則課税で申告するべき」と明確に指示をしていた等の事情で信義則ないし禁反言の法理の適用しかない。しかし、課税庁は本則課税の申告書を送付していただけであり、本則課税により申告しなさいと公的見解を示したとまではいえず、それもできない。結論としては、簡易課税で申告しなければならないこととなる。

1．届出書確認の重要性

　簡易課税制度選択届出書の提出がされているにもかかわらず、長い間、何の指摘もしてこなかった課税庁と届出書の提出状況を調査しなかった変更後の税理士の双方に問題はある。

　ただ、課税庁に問題はあるが、15年間指摘を受けなかったから信義則違反で無効だ、という主張までは通らない。変更後の税理士も、税理士変更のタイミングでまさか簡易課税制度選択届出書の提出がされていると思わなくても無理はないかもしれないが、引き継いだ時点でどのよ

166

第3章　消費税法

うな届出書の提出がされているのか確認すべきといえる。

　本CASEをみるに、前年までの申告が本則課税で行われていて課税庁から特に指摘がなかったとしても、簡易課税制度選択届出書の提出がされていないとは言い切れない。届出書確認の重要性を改めて示しているといえる。

2．参考事例における裁判所の判断

　参考となる同様の事例である東京高裁令和2年9月10日判決では次のように判断している。

　A税理士は、平成9年3月17日、課税庁に対し、所得税確定申告書等とともに簡易課税制度選択届出書等を提出したのであって、A税理士が、同日当時、所得税確定申告書等を提出する代理権を有していたことは、当事者の間に争いがないことにも照らすと、A税理士は、同日、納税者から委任された納税者の税務全般に係る税務代理権に基づき、有効に簡易課税制度選択届出書を提出したものと認められる。したがって、簡易課税制度選択届出書を提出したことの効果は、納税者に帰属するものと認められる。

　納税者が、平成10年課税期間から平成26年課税期間に至るまで、税務署から、本則課税により控除対象仕入税額を計算することを前提とする消費税等の確定申告書の用紙の送付を受けていたことは、当事者の間に争いがないところ、消費税法は、消費税等について、納税者が自ら課税標準額及び税額を計算し、自主的に申告して納税する申告納税制度を採用している。消費税等についての納付すべき税額は、納税者が税務署長に対して消費税等の納税申告書を提出することにより確定することを原則とし、税務署長がこれと異なる税額を確定させるためには、同号所定の要件を満たし、かつ、更正又は決定による必要がある。

　税務署長又は税務署の職員が、納税者に対し、消費税等の確定申告書の用紙を送付することは、上記の納付すべき税額の内容及びその確定には何らの影響も及ぼさないうえ、税務署長又は税務署の職員が、納税者

167

に対し、確定申告書の用紙を送付すべき義務を負う法令上の根拠も見当たらないから、税務署の職員が長年にわたって原告に対し、消費税等の確定申告書の用紙を送付していたことは、税務官庁が納税者に対して信頼の対象となる公的見解を表示したものとはいえない。

立証のポイント・注意点

① e-Taxで確認できる申告のお知らせに届出書の提出状況が表示される。また、e-Taxのマイページでも様々な情報が確認できる。しかし、それらもあくまでその時点に税務署内で把握されている情報にすぎないともいえる。
② 参考事案のように長年課税庁が本則課税による申告を是認していたとしても過去に有効な届出書の提出があったのであれば簡易課税を選択していることとなるため注意が必要である。
③ e-Taxの注意事項にも「必ず提出した届出書等から再度ご確認ください」とあるように税理士変更の際には申告書等閲覧サービスを利用して提出済み届出書等の閲覧を行い、届出書の提出状況については確実に把握するべきといえる。

参考裁判例

東京地判令和元年11月1日：TAINS・Z269－13336
東京高判令和2年9月10日：TAINS・Z270－13450

（髙木　良昌）

第3章　消費税法

37 簡易課税の適用業種 ―第四種と第五種の接点―

CASE

　私はある大手チェーン店のフランチャイズオーナーとして、うどん飲食店の店舗を個人事業で運営しています。

　開業初年度から1,000万円を超える売上げがあったので、来年以降は消費税の簡易課税を選択して届出をするつもりですが、何か注意すべき点はございますか。

― ここが分かれ目 ～判断のポイント～ ―

　大手フランチャイザーとの業務契約書の内容をよく精査して簡易課税の適用業種を判断する必要がある。契約書の内容によっては第四種飲食業とはならずに、第五種サービス業を選択する必要も考えられる。

A

　契約書の内容を精読し、売上げの相手先を特定してください。売上先が飲食を提供した顧客そのものなら第四種飲食店業の可能性が高いと考えられますが、飲食を提供した顧客からの売上金は全部フランチャイザーの本部の売上金という契約内容になっている可能性もあります。

　このような場合は、店舗の運営オペレーションの業務を受託したというのがフランチャイズ契約の趣旨となっていると考えられます。このような業務委託契約の場合ですと、第五種サービス業と考えることも必要です。

169

解　説

1．飲食業とは

　消費税法施行令57条5項4号ハ括弧書きの「飲食店業」について、法令上の定義規定はないが、標準産業分類によれば、「主として客の注文に応じ調理した飲食料品、その他の食料品又は飲料をその場所で飲食させる事業」とされている。第五種事業に該当することとされているサービス業等の範囲も、おおむね標準産業分類を基礎として判定する旨と定めていることも踏まえると、第四種「飲食店業」に該当するには、客の注文に応じ調理した飲食料品、その他の食料品又は飲料をその場所で飲食させる事業を行っていることが必要であろう。

2．飲食業隣接事業とは

　昨今、コスト低減のために外部委託業者によるアウトソーシングが頻発に行われている。病院食や介護食、ホテル内のレストランに至るまで、業務委託契約による外部業者が運営している例は枚挙に遑がないと言える。

　このような場合、内容によってそれぞれ判断する必要がある。

3．個別判断事例

　有料老人ホームにおいて業務委託契約により食事を提供する事業を請け負った例でいえば、入居者への食事提供はホームの設置者、給食業者は調理等の委託契約というのであれば、業者間転売による食品加工事業なので、食材負担を業者が行っていれば第三種「製造業」、食材負担はホームが提供するので、加工調理のみというのであれば第五種「サービス業」、ホームが食事を提供するのではなく、給食業者が直接、入居者に食事を提供するという場合には第四種「飲食店業」というように提供する内容によって個別に判断していかねばならない。

4．参考裁判例の考え方

　うどん事業の店舗は、本部（フランチャイザー）が運営する直営店と、

個人事業主との間で「荒利益折半方式」と呼ばれる契約を締結し、個人事業主に運営を委託している店舗の二つに分かれている。本店舗は後者に該当し、契約の形態は、本部が行う飲食サービス運営のために「荒利益折半方式」と呼ばれる契約を締結して店舗運営等を委託し、対価として営業委託料を支払うというものである。

「荒利益折半方式」では、契約書に定めた方法で営業委託料を計算し、これを本部が受託者に対して支払う。受託している業務は、店舗運営、調理業務、原材料の発注業務、売上金の回収業務、従業員の管理及び店舗のクレンリネスの維持等である。受託者は、店舗の運営に必要な人件費を負担している。他方、本部は、仕入れに係る経費のほか、水道光熱費並びに店舗運営に必要な建物、設備、厨房器具、備品及び什器等の人件費以外の経費を負担している。店舗における売上げは、会計上、全て本部の売上げに帰属する。

納税者の売上げは、契約に基づき本部から支払われる営業委託料により構成されている。

納税者は、本部から店舗の運営業務を委託され、その対価として「営業委託料」の支払いを受けているところ、営業委託料は、店舗の売上額を基礎として計算されるものの、店舗の売上げは、会計上、全て本部の売上げに帰属し、営業委託料の最低保証額が定められているため、納税者は、店舗が赤字であっても、営業委託料を受け取ることができる。

以上によれば、納税者は、対価の支払者たる本部との関係においては、店舗の一連の運営業務の遂行という役務を提供しているのであって、注文に応じ調理した飲食料品等をその場所で飲食させるという役務を提供しているとはいえない。

事業は、「主として客の注文に応じ調理した飲食料品、その他の食料品又は飲料をその場所で飲食させる事業」に該当するものとはいえず、飲食店業には該当しない。

171

立証のポイント・注意点

① 第四種飲食店業
　第四種飲食店業に該当するには、主として客の注文に応じ調理した飲食料品、その他の食料品又は飲料をその場所で飲食させる事業であることが必要である。
② 個別判断が必要
　施設、ホーム等の食事提供の場合には、食材の提供者、管理栄養士等の献立制作者、配膳作業を請け負う業者、仕出し業者これら様々な業種がそれぞれの立場で業種を同じくあるいは異にすることになるので、自らの事業を個別に判断していくことになる。

補　足
　業務委託契約による事業を簡易課税に当てはめる時は、その業務内容を詳細に検討する必要があるが、まずは売上請求先が何処の誰なのかを識別すると良い。そこがスタート地点となる。
　宇部空港のJALの待合室売店でビールを買って機内で飲もうかと思ったが、「当店は飲食店免許による酒提供なので、酒類小売業免許ではないから未開栓ではお酒を提供できません。」といわれてしまった、なるほど酒類免許の有無も商売形態、引いては簡易課税判定に影響をもたらすのだと考えさせてくれた。ビール小売り二種とはならずに、開栓したビール提供四種になるのですね、納得。

参考裁判例
福岡地判令和3年7月14日：TAINS・Z271－13587
福岡高判令和4年1月13日：TAINS・Z272－13654
最決令和4年6月10日（不受理）：TAINS・Z272－13728

（小野木　賢司）

第 **4** 章

相続税法

38 通達評価と鑑定評価の接点

CASE

　私は個人で不動産事業を営んでおりますが、高齢となり、養子縁組をした孫への事業承継を考えております。事業承継をするにあたって、私が所有する物件を売却し、その売却代金と合わせて、銀行から融資を受けて、収益性が高い物件を購入し、私の死後、将来性のある物件を孫に相続させたいと考えております。相続税の計算において、財産評価基本通達（以下「評価通達」という。）に従って物件を評価すると、物件の評価額は現在の時価の約6割となり、また、借入金を債務控除に含めることで、相続税額は0円になる見込みです。この事業承継のスキームに課税上の問題はありますか。

==== ここが分かれ目 ～判断のポイント～ ====

　相続税の計算において、実務では評価通達に従って相続財産が評価されているが、通達評価額が「著しく不適当」とされる場合には、国税庁長官の指示を受けて、鑑定評価などに基づいて時価で評価される可能性がある。

A

　評価通達に従って相続財産を評価する実務が定着していることを前提とすると、通達評価額で相続税の計算をすることには問題がないようにみえます。一方で、評価通達は、通達評価額が「著しく不適当」とされる場合には、通達の定める評価方法以外の方法で評価すると定めています。

　相談者が高齢であり、近い将来に相続が発生することが予想されること、債務控除などの結果とはいえ、通達評価により物件の評価額が圧縮され、相続税額が0円になることを踏まえると、将来、税

務調査において「著しく不適当」と判断され、結果として評価通達によらない評価によるべきであると認定される可能性があります。

図表4－1　相続財産の「時価」をめぐる通達評価の考え方

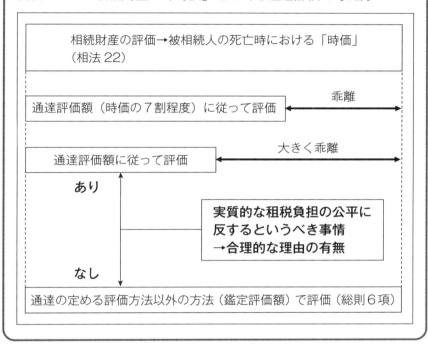

解　説

1．税法における考え方

　相続税の計算において不可欠である相続財産の評価について、相続税法22条は、当該財産の取得の時（被相続人の死亡時）における時価により評価すると規定するのみで、具体的な評価方法をほとんど法定していない。相続財産の評価の実務では、国税庁長官が発遣した評価通達に従って評価することが一般化しており、評価通達も通達評価額が時価に

相当すると定めている（総則1項）。

　評価通達は、通達による評価額が時価を超えることがないよう固めの評価、時価の7割程度となるように画一的な評価方法を定めている。もっとも、各財産には固有の事情があることから、通達評価額と時価が大きく乖離することもある。そこで、評価通達は、通達の定める評価方法以外の方法で評価することを認める定めを置いている（総則6項）。

２．類似する参考事例

　事業承継の過程において、不動産の購入及びその購入資金の借入れをしていた場合に、相続税の申告にあたって、当該不動産は通達評価額又は鑑定評価額のいずれで評価すべきかが争われた事件がある（最判令和4年4月19日）。

　裁判所は、課税庁が評価通達に従って画一的に評価を行っていることは公知の事実であるから、課税庁が評価通達の定める方法を上回る価額により評価するには、評価通達の定める方法による画一的な評価を行うことが実質的な租税負担の公平に反するというべき事情、すなわち合理的な理由が必要であるとした。そして、①通達評価額と鑑定評価額との間に大きなかい離があることをもってその事情があるということはできないが、②購入・借入れが行われたことにより、納税者らの相続税の負担が著しく軽減されること、③租税負担の軽減をも意図して購入・借入れを行ったことからは、実質的な租税負担の公平に反する事情があると判断した。

　この最高裁の判断に対しては批判的な見解が少なくない。確かに、評価通達は租税法の法源ではないが、財産の評価方法が法定されていない現状において、紛争が多い財産評価の問題をいかに解決すべきかに言及していない。また、財産評価において、価格のかい離以外にいかなる事情がある場合に合理的な理由が存在するといえるかにも明確に言及していない。租税負担の軽減の意図が合理的な理由の存否の判断に影響したとみることもできるが、納税者の主観的な側面を強調し、財産評価の原

則と例外を使い分けることには問題がある。相続税法22条にいう「時価」＝通達評価額と解してきた実務の視点からみると、最高裁の判断は、納税者の予測可能性と法的安定性を大きく低下させるものである。

3．その他の注意点

　もっとも、実務では最高裁が示した判断を踏襲し、通達評価額が許容され得るか、すなわち総則6項の適用の有無を個別事案ごとに検討するほかない。事業承継の目的で物件を購入したとしても、物件を購入したときの年齢、その原資、相続税額への影響などを踏まえたうえで、課税庁が通達評価額を否認する相続税回避事案と判断するか否かを追加で検討する必要がある。将来、税務調査において疑義が出る可能性のある物件の評価に際しては、評価通達による評価方法以外に、鑑定評価による評価額がどのくらいの水準であるかを予め調べたうえで、納税者に対し、事前の説明を行う必要があるかもしれない。

 立証のポイント・注意点

① 相続財産の評価において、評価通達の定める方法による画一的な評価を行うことが実質的な租税負担の公平に反するというべき事情、すなわち合理的な理由がない場合には、通達の定める評価方法以外の方法で評価することになる。

② 物件を購入したときの年齢、その原資、相続税額への影響などを踏まえて、課税庁が租税回避事案と判断するか否かを検討する。

③ 通達評価額に疑義が出る可能性のある物件の評価に際しては、鑑定評価による評価額がどのくらいの水準であるかを予め調べておく。

補　足

　物件を購入する目的が相続税回避であると指摘されることがないよう、相続税対策と疑われるような記述等がみられる証拠を作成していないか、また、近い将来に相続が開始されると予測される場合に、過度の借入れをしていないかといった点にも注意されたい。

参考裁判例

東京地判令和元年8月27日：TAINS・Z269 – 13304
東京高判令和2年6月24日：TAINS・Z270 – 13417
最決令和3年12月21日（棄却）：TAINS・Z271 – 13645
最判令和4年4月19日：TAINS・Z272 – 13704

（谷口　智紀）

第4章 相続税法

39 相続財産の種類の判定 ―売買契約の合意解除と相続財産の接点―

CASE

　祖父は生前、区画整理事業に伴い、駅前に所有していた土地についてＡ社と売買契約を締結していました。Ｘ年５月にＡ社から手付金の３億円が支払われ、残代金の支払い又は保証書の交付を所有権移転登記の条件とする所有権移転仮登記がされました。しかし、残代金を受け取らないまま同年10月に祖父が死亡したため、売買契約を解除することとしました。確認書の締結と手付金の返金を行ったのは同年12月ですが、解除原因は祖父が死亡する前に発生していたとして、同年９月末日付解除を原因とする仮登記の抹消手続をしました。私たち相続人は、「売買残代金請求権」ではなく、「土地」を相続財産として申告できるでしょうか。

=== ここが分かれ目 ～判断のポイント～ ===

　土地の売買契約途上に売主側に相続が開始した後に、売買契約が解除された場合の相続財産の種類の判定は、死亡前に被相続人から売買契約の解除の申入れがあったといえるか否かを確認する必要がある。

A

　売買残代金請求権を相続財産として申告すべきでしょう。土地の所有権が相続財産として認められるには、被相続人が、生前に売買契約の解除の意思表示をしたことを明らかにする必要があります。

179

解　説

1．税法における考え方

　土地の売買契約成立後、売買代金完済前に売主に相続が開始した場合における相続税の課税財産がその取引の対象物である土地所有権であるのか、あるいは契約によって成立した売買代金請求権であるかということは、原則として民法等の規定に基づく私法上の法律関係を前提として考えなければならないが、相続税法は、相続又は遺贈により取得した財産の全部に対し課される（相法2①）と規定するのみであり、このような場合の取扱いを定めた規定はない。

2．先行裁判例

　CASEの先行事例として、東京高裁昭和56年1月28日判決（TAINS・Z116－4734）がある。裁判所は、土地の売買契約成立後代金完済前に売主が死亡し、右売買契約に土地所有権移転の時期を代金完済の時とする特約があった場合には、「たとえ本件土地の所有権が売主に残っているとしても、もはやその実質は売買代金債権を確保するための機能を有するにすぎないものであり、上告人らの相続した本件土地の所有権は、独立して相続税の課税財産を構成しないというべきであって、本件において相続税の課税財産となるのは、売買残代金債権2,939万7,000円」であるとして、売買残代金が相続財産であると判断した。

3．類似裁判例

　また、CASEと類似した事例として、売買契約の合意解除をするやむを得ない理由があるということはできず、相続税の課税財産は土地ではなく売買残代金請求権であるとした東京地裁令和2年10月29日判決（後掲参照）がある。

　被相続人と甲は、被相続人所有の土地の売買契約を締結していた。甲は手付金3億円を支払い、残代金19億円余の支払いを所有権移転の条件とする所有権移転仮登記がされた。甲が売買残代金を支払う前に被相

第4章　相続税法

続人が死亡したため、相続人である納税者らは、被相続人の死亡前に売買契約が合意解除されていた旨の確認書を甲との間で締結し、手付金3億円を甲に返金した。納税者らは、課税財産を土地として相続税評価額（9億円余）を含めて相続税の申告をしたが、課税庁から、「売買契約の合意解除は、形式的にされたものにすぎない」と認定され、売買残代金19億円余が課税財産であるとして更正処分及び重加算税の賦課決定処分を受けた。

図表4－2　経緯（前提事実を基に作成）

H26.5.29	売買契約等締結
6.13	手付金3億円受取
9.3	相続人の会社に代理権授与
9.30	合意解除？
10.2	A死亡
11.28	相続人らが共有取得
12.1	確認書締結 手付金3億円返還 仮登記抹消手続
H27.1.9	甲に共有持分売却 （代金22億7100万円）
7.30	土地を相続財産として申告書を提出

《Aと甲の売買契約等》
・Aの土地を22億7,600万円で甲に売り渡す
・手付金3億円を支払う
・仮換地すべての使用収益開始日の通知を受けるかつ仮換地上の建物の収去義務を履行した時に残代金19億7,600万円を支払う
・所有権は残代金の支払い又は指定保証機関が発行した保証書の交付を条件として移転
・等価交換方式として、Aは土地上に建設されたマンションを売買代金により購入するとの協定

《相続人らと甲の確認書》
・亡Aの都合で事業の進捗に遅れ
　→遅くとも9.30時点で解除原因発生
・マンションの取得者が定まっておらず、速やかな売買契約の締結が困難
　→現時点においても解除原因が発生

181

裁判所は、申告等に係る課税標準等又は税額等の計算の基礎となった事実に係る契約が、解除権の行使によって解除され、もしくは契約の成立後に生じたやむを得ない事情によって解除され、又は取り消された場合に更正の請求をすることを認めている（通法23②三及び通令6①二）から、相続開始後の契約の合意解除については、法定の解除事由がある場合、事情の変更により契約の効力を維持するのが不当な場合、その他これに類する客観的理由に基づいてされた場合に、やむを得ない事情があるものとして相続税の課税関係に影響を及ぼすとした。そして、甲が土地を購入することを前提として事業を進行させていること、相続税の支払原資確保の必要性などは納税者らの個人的事情であることなどから、売買契約の合意解除は、租税負担の軽減を意図し、納税者らと甲との間で再度同様の契約を締結することを予定して行われたものと認定して、売買契約の合意解除にやむを得ない事情があったと認めることはできず、課税財産は売買残代金請求権であると判断した。

　上記事例のように、相続財産の種類が争われる原因は、土地の売買価額と通達評価額に大幅な開差があることにある。課税財産が土地（9億円余）であるか、売買残代金請求権（19億円余）であるかは、相続税額に大きく影響するのであるから、納税者にとっては、課税財産を土地として申告したいと考えるであろう。

　裁判所は、納税者らが確認書の締結を行う前に解除の正式な書面を作成していない、相続開始後もA社が事業を進行させている、解除原因に相続開始後の事情が記載されているなど、相続人が売買契約を解除することを前提としていた事実が認定され、被相続人の意を受けて解除の意思表示をしたとは認められず契約解除は仮装であると認定して、更正処分及び重加算税の賦課決定処分を適法と判断している。

　控訴審（東京高判令和3年7月14日・後掲参照）も、第1審を支持して納税者の主張を斥けており、上告不受理となった。

182

第4章　相続税法

 立証のポイント・注意点

① 売買契約途上に相続が発生した場合に備え、被相続人の意思を確認しておく必要がある。
② 納税者が、被相続人による売買契約の合意解除が存在しないことを認識しながらも、土地を課税財産とする申告書を提出するために、これに沿う内容の事情説明書を添付するなどして申告を行った場合、仮装行為と認定される可能性がある。

参考裁判例

東京地判令和2年10月29日：TAINS・Z270－13474
東京高判令和3年7月14日：TAINS・Z271－13586
最決令和4年3月3日（棄却・不受理）：TAINS・Z272－13681

（横井　里保）

40 生前贈与と相続財産の接点 ―名義預金―

CASE

　私は、父の死亡に伴い、相続税申告書の作成を税理士に依頼し、期限内に申告を済ませました。相続人は母と子の私と妹の３人です。父は生前、「毎年、２人の子各々に一定額を贈与する」という内容の贈与契約書を作成して、15年ほど前からその契約書に基づき贈与を行ってきました。先日、父の相続税の税務調査により、父と子との間に贈与契約は成立していないから、私名義の預金は相続財産に含まれるとの指摘を受けました。どう対応すればよろしいでしょうか。

ここが分かれ目 ～判断のポイント～

　相続税の税務調査では、家族名義の預金、いわゆる「名義預金」が問題となるケースが少なくない。本CASEのように、家族名義の預金の原資について、贈与契約書や贈与税の申告がなされていたとしても、その預金の管理や運用の状況などから、課税当局は相続財産と認定して更正処分を行うことがある。

A

　相続財産である預貯金等の帰属については、その原資となった金員の出捐者、その管理・運用の状況、贈与の事実の有無等を総合的に勘案して判断されます。

解　説

１．税法の考え方

　名義預金とは、名義人と真実の所有者とが異なっている場合の預金のことをいう。名義預金については、真実の所有者が誰であるか、外部か

184

らは容易に判断がつかない。

　名義をめぐる課税問題として、税務の取扱いでは、所得の帰属に関して、所得税法12条は「資産又は事業から生ずる収益の法律上帰属するとみられる者が単なる名義人であって、その収益を享受せず、その者以外の者がその収益を享受する場合には、その収益は、これを享受する者に帰属するものとして、この法律を適用する」と定めている。法人税においても同様の定めがある（法法11）。

　いわゆる「実質所得者課税の原則」であるが、この原則は、形式的な事柄にとらわれずに、実質実態に即して法の解釈適用を行うべきであるとする考え方で、法律上の実質的な帰属者に対して課税される。

　したがって、名義にかかわらず、被相続人が資金を拠出しているなど、被相続人の財産と認められるものは相続税の課税対象となる。名義預金が生じる理由は様々であるが、この場合において、それが単に名義を使用しただけなのか、もしくは被相続人から名義人への贈与によるもので、被相続人と名義人との間で贈与が成立しているかが重要となってくる。

２．参考裁決事例

　これについて、贈与当時未成年であった子名義の預金は相続財産に含まれないとした事例がある（国税不服審判所裁決令和３年９月17日）。

　本事例は、被相続人が、４人の子に毎年一定の金額を贈与する旨を記した贈与証を作成したうえで、子名義の口座に毎年入金していた預金について、相続財産に含まれるかどうかが争われたものであるが、被相続人である甲の相続発生時、その共同相続人は妻Ａ、子のＢ、Ｃ、Ｅ、Ｆの５名であった。なお、子のＥ、ＦはＤとの間の非嫡出子である。甲は生前、平成13年８月吉日付けで、「平成13年度以後、毎年８月に４人の子各々に一定額を贈与する」という内容の「贈与証」と題する書面を作成していた。贈与証には甲の署名押印だけがなされていた。なお、平成13年当時、末子のＦは未成年であった。

185

審判所はまず、Bに対する贈与に関しては、本件贈与証には受贈者の署名押印はなく、Bは、調査開始後の令和元年9月まで本件贈与証の存在を認識していなかったことからすると、本件贈与証の存在のみをもって直ちに甲とBとの間で毎年のB名義口座への入金に係る贈与が成立していたと認めることはできないと判断し、課税庁の主張を認めた。

　一方、Fに対する贈与に関しては、口座が開設され毎年の入金が開始された平成13年当時Fは未成年であるが、F名義口座は、平成13年8月10日に開設された後、平成13年ないし平成24年までの各年に一度、本件被相続人からの入金が認められるほかは、利息を除き、入金は認められないことから、贈与契約の履行のために開設されたものであることは明らかである。また、F名義預金の通帳及び印章は、当初から親権者であるDが保管していたものであり、本件贈与証に基づく入金が開始された当初から、DがFの代理人として自らの管理下に置いていたものであり、Fが成人に達した以降も、その保管状況を変更しなかったにすぎないというべきである。したがって、F名義預金は、平成13年の口座開設当初からFに帰属するものと認められるから、本件相続財産には含まれないと判断した。

３．相続財産であるか否かの判断基準

　被相続人以外の者の名義預金が相続財産であるか否かの判断基準については、次の判決や裁決が参考になる。

　「当該財産又は購入原資の出捐者、当該財産の管理及び運用の状況、当該財産から生ずる利益の帰属者、被相続人と当該財産の名義人並びに当該財産の管理及び運用をする者との関係、当該財産の名義人がその名義を有することとなった経緯等を総合考慮して判断するのが相当である」（東京地判平成20年10月17日：TAINS・Z258－11053／東京高判平成21年4月16日：TAINS・Z259－11182）。

　また、「単に名義人が誰であるかという形式的事実のみにより判断するのではなく、その原資となった金員の出捐者、その管理・運用の状況、

贈与の事実の有無等を総合的に勘案して預貯金等の帰属を判断するのが相当であり、そして、その帰属の判断に当たり特に重要な要素となる、原資となった金員の出捐者の判断は、その預貯金等の設定当時における、名義人及び出捐者たり得る者の収入並びに資産の取得・保有状況等を総合的に勘案するのが合理的である」（国税不服審判所裁決平成19年10月4日：TAINS・J74－4－18）。

立証のポイント・注意点

① 相続税の税務調査で問題となるのは名義預金を筆頭に名義財産である。
② 税務調査で名義預金の申告漏れを指摘されないためにも、相続税申告書作成時には、少なくとも亡くなる3年から5年前までの被相続人や相続人の預金などの動きを確認することが望ましい。
③ 名義財産であるかの主な判断基準は次のとおりである。

名義財産に該当するかどうかの主な判断基準

①	財産又は購入原資の出捐者
②	財産の管理及び運用の状況
③	財産から生じる利益の帰属者
④	被相続人とその財産の名義人・財産の管理及び運用をする者との関係
⑤	名義人が名義を有することとなった経緯
⑥	贈与の事実の有無

参考裁決例

国税不服審判所裁決令和3年9月17日：TAINS・J124－2－05

（角田　敬子）

41 みなし贈与課税と名義預金の接点

CASE

　私は、高齢の夫に代わって、夫名義の口座から一部自分名義の口座に預金を移して、株式等を購入し、管理・運用を行っていました。なお、運用した際の上場株式等の配当等に係る配当所得の源泉徴収税額について還付が生じていたため、配当等を私の所得として確定申告を行っていました。その後、夫が亡くなり、相続税の申告を行うことになりましたが、夫の口座から移した（私名義の）預金は、本来、夫の財産として、相続財産に含まれるものと考えていますが、何か問題はありますでしょうか。

ここが分かれ目 ～判断のポイント～

　財産が夫婦間においてどちらに帰属しているかは、単にその名義だけではなく、①当該財産又はその購入原資の出捐者、②財産の管理及び運用の状況、③財産の費消状況、④財産の名義を有することになった経緯等を総合的に考慮して判断される。

A

　本CASEにおいては、夫の名義から妻の名義に移した財産が、単なる名義の変更にすぎず、夫の財産として相続税の計算の対象となる相続財産に含まれるものか、経済的価値の移転として夫から妻への贈与として贈与税の計算の対象となる財産となるかが問題となります。

　CASEの場合、夫婦間において、財産の管理・運用を他方名義に移し替えて任せることは珍しくないため、妻が預金を私的な用途で費消していた事実がなく、夫名義の預金を管理・運用のために便宜上移したことに不自然な点がない場合には、夫の相続財産に含まれるものと解して差し支えないものと思われます。

第4章　相続税法

解　説

1．相続税法9条「みなし贈与」の考え方

　相続税法9条では、対価を支払わないで、又は著しく低い価額の対価で利益を受けた者がいる場合に、当該利益を受けた時における当該利益の価額に相当する金額を、当該利益を受けさせた者から贈与により取得したものとみなすものとして、贈与税を課税することとされている（「みなし贈与課税」）。

　つまり、形式的に贈与によって財産を取得したと認められない場合でも、実質的にみて贈与を受けたのと同様の経済的利益を享受している事実がある場合に、租税回避行為を防止して、税負担の公平を図る見地から、贈与契約の有無にかかわらず、その取得した経済的利益を、当該利益を受けさせた者からの贈与によって取得したものとみなして、贈与税を課税することとしたものと解される。

　この場合において、対価を支払わないで利益を受けた場合に該当するか否かの判定については、対価の支払いの事実の有無を実質的に判定し、当該経済的利益を受けさせた者の財産の減少と、贈与と同様の経済的利益の移転があったか否かによって判断することになる。

　一方で、相続税の計算の対象となる相続財産についても、単なる名義の移転ということだけをもって財産の帰属を判断するのではなく、実質的にみて、被相続人の財産であるかを判断することになる（「名義預金」）。

2．審判所の考え方

　本CASEと同様の事象について争われた事例として、国税不服審判所令和3年7月12日裁決が挙げられる。

　本裁決においては、妻は名義を移し替えた預金について夫の相続財産に含まれると主張していたところ、課税庁から当該預金は「みなし贈与」に該当し、贈与税の決定処分を受けたことから、その取消しを求めて審査請求をしたという事案である。

189

審判所は、「夫婦間においては、一方が他方の財産を、その包括的同意又はその意向を忖度して管理及び運用することはさほど不自然なものとはいえない」として、「夫婦間における財産の帰属については、①当該財産又はその購入原資の出捐者、②当該財産の管理及び運用の状況、③当該財産の費消状況等、④当該財産の名義を有することとなった経緯等を総合考慮して判断するのが相当である」としている。

　そして、上記①から④の検討として、夫が出捐者であって、預金の管理・運用は妻が主体として行っているものの、妻が自ら私的な用途で費消している事実は認められず、妻が夫に代わって夫名義の預金を管理・運用することを想定して妻の名義に移し替えたと解しても不自然ではないとした。

　したがって、本件における預金は、夫から妻への贈与と同様の経済的利益の移転とは認められないと判断している。

立証のポイント・注意点

　審判所が示すとおり、夫婦間での財産の帰属は単に名義の変更一事をもって判断することは難しい。ただ、預金等の名義を変更するということは、形式的に利益を受けた者（本CASEにおいては妻）の財産が増加することを意味し、課税の対象となる可能性が生じるため、単に管理・運用の便宜のために名義を変更する場合は留意が必要である。

図表4-3　本件における預金の所在の判断基準

前提	名義	妻
	管理・運用	妻
判断基準	財産等購入原始の出捐者	夫
	管理・運用の状況	妻
	費消状況	妻が自らの私的な用途で費消した事実はない
	経緯	管理・運用の便宜に資するための預金の移し替えは不自然ではない

第4章　相続税法

補　足

　本裁決事例における請求人（妻）は、名義を移し替えた預金について生じた所得を自らの所得として確定申告を行っていた。この事実について課税庁は、妻は夫から贈与を受けた認識があるとする点を指摘していた。名義を変更するなどの形式的な移転と、実質的な経済的利益の移転が異なる場合には、より実質に合わせた書類等の整備と税務申告等の検討が必要になる。

参考裁決例

国税不服審判所裁決令和3年7月12日：TAINS・J124 − 2 − 06

（茂垣　志乙里）

42 「生計を一にしていた」の要件 ―小規模宅地等の特例と生計一要件の接点―

CASE

　私（Ａ）は母（Ｆ）の所有していたＢ土地に建物を建築して、木造建築業を営んでいました。母とは別居していましたが、母の財産の管理は長年私が行ってきました。その後、母が亡くなり、Ｂ土地を相続したため、相続税の申告を行うことになりました。相続税の計算を行う際、Ｂ土地は「特定事業用宅地等」に該当し、相続税の計算において「小規模宅地等の特例」を適用できるものと考えていますが、いかがでしょうか。

=== ここが分かれ目 ～判断のポイント～ ===

　「小規模宅地等の特例」を適用するためには、相続等によって取得した宅地等について一定の要件を満たす必要がある。この事例においては、相続によって取得した宅地が「特定事業用宅地等」に該当するか否かが問題となり、さらにその要件の中でも、被相続人（Ｆ）と相続人（Ａ）についてＢ土地が「Ｆと『生計を一にしていた』Ａの事業の用に供されていた宅地等」であるかどうかが、判断のポイントとなる。

A

　「生計を一」とは、一般的には「日常の生活の資をともにすること」とされており、必ずしも同居を要件とするものではありません。ただ、ＦとＡは同居していないものの、ＡがＦの財産を管理していたとのことですので、「特定事業用宅地等」の該当性の判断における「生計を一にしていた」について、ＡがＢ土地の上で行っていた事業（木造建築業）によってＦの生計が立てられていたかという点が問題になります。

192

第4章　相続税法

> したがって、例えばFに収入や貯蓄があり、Aがその中から居住費を支払うなど、単に管理を行うのみで、AからFへ生活に必要な金銭の拠出がない場合には、AがFの「生計を一にしていた」親族ということはできないものと解されています。

解　説

1．小規模宅地等の特例（特定事業用宅地等）の考え方

　相続税の課税価額を算出する際の小規模宅地の特例は、個人が相続等によって取得した財産のうちに、相続開始の直前において、被相続人又は当該被相続人と生計を一にしていた当該被相続人の親族（以下「被相続人等」という。）の事業の用又は居住の用に供されていた宅地等がある場合としての要件を満たした場合には、そのうち一定の部分について、相続税の課税価格に算入すべき価格の計算上、一定の割合を減額するというものである。

　本CASEで問題となっている「特定事業用宅地等」に該当する宅地を相続人が取得した場合には、400㎡まで80％の減額割合が適用されるため、その該当性の判断は相続税額の計算に大きな影響がある。

2．「特定事業用宅地等」の考え方

　「特定事業用宅地等」に該当するためには、上記のとおり、相続開始の直前において被相続人等の事業の用に供された宅地等であることの他に、相続税の申告期限までにその宅地等の上で営まれていた事業を引き継ぎ、その事業を継続していること（被相続人と生計を一にしていた被相続人の親族の事業の用に供されていた宅地等である場合には事業を継続していること）や、その宅地等を相続税の申告期限まで有していることなどの要件がある。

　本CASEでは、これらの事業承継（継続）の要件や保有継続要件などは満たしていたが、前提としてAが「被相続人と生計を一にしていた被

193

相続人の親族」であるかどうかが問題となっている。

図表4－4　特定事業用宅地等の要件

区分		特例の適用要件
被相続人の事業の用に供されていた宅地等	事業承継要件	その宅地等の上で営まれていた被相続人の事業を相続税の申告期限までに引き継ぎ、かつ、その申告期限までその事業を営んでいること。
	保有継続要件	その宅地等を相続税の申告期限まで有していること。
被相続人と生計を一にしていた被相続人の親族の事業の用に供されていた宅地等	事業継続要件	相続開始の直前から相続税の申告期限まで、その宅地等の上で事業を営んでいること。
	保有継続要件	その宅地等を相続税の申告期限まで有していること。

国税庁タックスアンサー　No4124

3．「生計を一にしていた」の意義（裁判所の考え方）

　本CASEと同様の事象について争われた事例として、東京高裁令和3年9月8日判決が挙げられる。

　裁判所は、「特定事業用宅地等」に「小規模宅地等の特例」を適用している趣旨として、被相続人等の事業の用に供されていた宅地等は「その処分について相当の制約を受けるのが通常であることを踏まえて、相続財産としての担税力の有無に着目し、相続税負担の軽減を図ることとしたもの」であると説明している。

　このことから、「被相続人と生計を一にしていた相続人の事業の用に供されていた宅地等」における相続人とは、幅広く生活の資（財布）を共にした相続人を指すのではなく、「被相続人の生計をも支えていた相続人」を指すものであるとした。

第4章　相続税法

　そして、納税者と被相続人が別居し、納税者が被相続人自身の収入（年金や駐車場収入等）や貯蓄から被相続人の食費、光熱費、その他日常の生活に係る費用の支出を行っていること、納税者から被相続人に現金を拠出した事実がないことなどを挙げ、納税者がその宅地の上で営む事業によって被相続人の生計を支えていたとは言えないと結論付けた。

 立証のポイント・注意点

裁判所は次のとおり具体的な判断基準を示している。
① 　Ｆの日常生活に係る費用の支出はＦ名義の口座及びＦ名義の口座から引出された現金等であって、Ｆ名義の口座にＡとの間で入出金が見当たらないこと。
② 　Ａは大工業を営んでいて相応の収入がありＦから経済的な援助を受けていたことはうかがわれないこと。
③ 　ＡとＦは別居していたこと。
④ 　Ａの所得税等の確定申告においてＦを扶養親族としていなかったこと。
つまり、外形的にも実質的にも相続人が被相続人の生計を支えていたことを立証する必要があることを示しているものと考えられる。

補　足

　「生計一」の要件は、所得税においても同一生計配偶者や扶養親族における要件など幅広く用いられている。しかし、裁判所は本件における「生計一」の要件と所得税における「生計一」の要件とは趣旨が異なることを強調して判断を下した。この点については租税法律主義の観点から問題があると考えられるが、「生計一」の要件の該当性を直接争った事案は稀であり、実務上参考となる事案である。

195

参考裁判例

横浜地判令和 2 年 12 月 2 日：TAINS・Z270 – 13489

東京高判令和 3 年 9 月 8 日：TAINS・Z271 – 13600

最決令和 4 年 3 月 15 日（棄却・不受理）：TAINS・Z272 – 13688

（茂垣　志乙里）

第 5 章

国税徴収法・国税通則法・
税理士法 ほか

43 | 譲受財産と差押債権との接点

CASE

当社はタクシー事業を行っている同族会社です。この度、近隣の同業者から、後継者もいないので事業を譲るから引き受けてほしいという相談を受けました。譲渡人は地主の一族で、タクシー事業以外にも賃貸マンション等の不動産業も営んでいます。当社の資金ではタクシー車庫の土地を購入するには不足しているため、賃貸借契約を結んで車庫を引き続き利用させていただくつもりです。事業譲渡の方法として、譲渡法人が新設分割を行い、タクシー事業法人を設立した後、その株式を当社で購入し、子会社として事業を受け継ぐ方向で検討しています。税務上、注意しておくべきことは何かありますでしょうか。

--- **ここが分かれ目** ～判断のポイント～ ---

事業譲渡を受ける際には、第二次納税義務が生じるか否かを意識して検討を行う必要がある。国税徴収法38条に定める特殊関係者か否か、これは譲受けが行われた時点での支配関係における現況の把握、そして同法39条に定められる「無償又は著しい低額の譲渡」となるか否かについて価額面での精査を併せて行う必要がある。

A

事例のような場合、株式譲渡自体は第三者間取引であり、正常な取引価額で行えば、第二次納税義務が課されることは無い（徴収法39）と思いたいところですが、国税徴収法38条による「親族その他の特殊関係者」に該当します。ここで、第二次納税義務が対象とするのは、譲渡人と事業を譲り受けた子会社との間の事業譲渡であって、会社分割の方法によって新会社を設立すれば、設立時の新

198

第5章　国税徴収法・国税通則法・税理士法 ほか

会社の株主は譲渡人所有100%ということになり、子会社は譲受人の被支配会社に該当してしまいます。被支配会社に対して車両や売掛金あるいは借入金等の財産を譲渡あるいは引受けを行った場合、第二次納税義務の要件に該当することになります。よって、このような形態での事業譲渡においては、第二次納税義務が生じる可能性が常にあることになり、譲渡契約時には租税債務が存在しなかったとしても、後日、譲渡人への税務調査によって過年度に遡って納税が発生することも考えられます。譲渡日前、過去7年の租税債務保証条項を契約に入れておくことも検討に値するでしょう。

解　説

1．譲受に関する第二次納税義務

　国税徴収法38条は、納税者が滞納国税の法定納期限の1年前の日後に特殊関係者に事業を譲渡し、かつ、その譲受人が同一又は類似の事業を営んでいる場合において、その納税者が当該事業に係る国税を滞納し、その国税につき滞納処分を執行してもなお徴収不足と認められるときは、その譲受人は、譲受財産の価額を限度として、その滞納国税に係る第二次納税義務を負う旨規定している。

　事業譲渡においては、両者間で財産、債務の引継ぎに際して譲渡金額が決定されるが、租税債務は民間債務と違い合意による譲渡ということが不可能であるため、関係の深い一定の者に対して行われた譲渡に関しては、租税債務を担保させるため同規定が設けられている。平成28年度税制改正前の規定では、「同一場所」要件のほかに、義務限度は「譲受財産」とされていた。本件を旧法下で仮定すると、譲渡されたタクシーが廃車処分されていたら、徴収できなかったことになる。ネット技術の普及により場所要件の撤廃と拡張も加わり、徴収実務に沿って改正されてきた。

199

２．租税リスクへの対応

　第二次納税義務者が負担する金額は譲受財産から引受債務を控除すべきといった争い（東京地判平成22年8月27日：TAINS・Z999−7202）もあったが、国税徴収法は譲受財産の価額としており、引受債務は考慮しないとされている。参考裁決では、租税債務による譲渡価額変更条項が譲渡契約に付されており、譲受予定の売掛金を課税庁に差し押さえられたので、差押え分を譲渡価額から追加減額する旨の取決めがされていた。

３．参考裁決事例の考え方

　納付すべき限度の金額となる「譲受財産の価額」を算出する対象となる財産は、新設分割によって譲り受けた財産と資産譲渡によって譲り受けた財産の双方となる。

　課税庁は売掛債権を取り立てたうえ、滞納国税に充当したことが認められるところ、資産譲渡契約には、資産について課税庁が差押えを行い、引渡しが不能となったときは、協議のうえ、譲渡対価を減額する旨あらかじめ定められており、売掛債権が差し押さえられたことから、譲受人との間において、資産の譲渡対価から売掛債権の価額を減額する旨合意している。これは、資産譲渡契約の一部を合意解除したものと解されるから、売掛債権は、もはや国税徴収法38条にいう譲受財産には含まれないというべきである。

第5章　国税徴収法・国税通則法・税理士法 ほか

 立証のポイント・注意点

① 滞納国税に注意
　滞納者から資産を譲り受ける者は、第二次納税義務を負う可能性が高い。
② 租税債務保証条項
　滞納者から財産を譲り受ける場合には、滞納国税額を限度とした、租税債務保証条項の締結も検討するべきであろう。

補　足

　組織再編税制は直接的な資産譲渡によって生じる譲渡損益による税負担を繰り延べる意味では有効な手段であるが、どうしても本件のような第二次納税義務問題が生じやすい。新設分割ではなく、吸収分割を検討するなども考えられるが、後発的納税義務の発生は予測不能なことも起こり得るので、第二次納税義務がその射程とする納税義務者の範囲をよくよく確認していくことが重要である。租税債務保証条項の検討もその一つではあるが、後日の税務調査による滞納にまで、義務が及ぶことに変わりはないので、対処が非常に難しい。

参考裁決事例

国税不服審判所裁決令和3年4月12日：TAINS・J123 − 5 − 12

（小野木　賢司）

44 債務免除に伴う第二次納税義務 ―過払金と第二次納税義務の接点―

CASE

　　私は貸金業者の役員として債権管理の仕事をしています。先日、顧客から過去の返済金のうち過払金となる分があるので、返還してほしい旨の連絡を受けたので、弁護士か司法書士に依頼して書面にて請求額を提出してくださいと依頼したところ、自身で作成した書面にて請求してきました。計算ミスが散見されているのですが、当社の計算より少額となっていたので、先方請求額の半額の20万円で合意すると回答したところ了承されました。当社側で和解文章を作成して解決することに、税務上どのような問題が生じますか。

=== ここが分かれ目 〜判断のポイント〜 ===

　　裁判所の確定判決によらず任意の和解によって、債務の免除を受けると免除した側が国税や地方税、社会保険料の滞納者であった場合には、免除を受けた側が免除を受けた利益金額を限度として第二次納税義務を負う可能性がある。

A

　　当然ですが、正確な過払金額を算出しておく必要があります。相手の債務者に金額を提示していないと錯誤無効となり、やり直しという可能性が出てきます。この正確な過払金額が第二次納税義務の限度となります。次に、和解書の作成にあたっては、納税証明を提出頂く等、未払いの租税債務が無いことを確認しておくことを推奨します。

　　遅延損害金の計算については、様々な解釈が存在します。契約文中に支払遅延は直ちに期限の利益を喪失する等の文言を含むことも多いのですが、第二次納税義務が告知される場合には、税務署側の

202

第5章　国税徴収法・国税通則法・税理士法 ほか

計算で引き直してきます。貸金業者側の解釈とは違うことが多々あ
りますので、注意が必要です。

解　説

1．債務の免除と第二次納税義務

　国税や地方税、社会保険料等の滞納者から債務の免除を受けた者に対
しては、確定判決による債務の切捨てを除いて、通常の場合、第二次納
税義務が発生し、告知処分により免除を受けた金額の限度で納税義務を
負うことになる。国税徴収法39条は、無償又は著しい低額の譲受人の
第二次納税義務を規定しているが、この規定は税務を取り扱う者にとっ
て、追加課税リスクとして常に考慮、検討しておく必要がある。

2．第二次納税義務が課された理由

　滞納者から債務の免除を受けるというのは、言い換えれば滞納者が保
有している租税用の債権を譲り受けることに他ならない。担保を除き民
事債権より国税債権が優先される原則が存する以上、その処分に経済
的、あるいは社会的な目的合理性、会計上の偶発債務や法人税の損金性
等は、第二次納税義務の成立自体に考慮されることはない。再生計画に
おける事例では、免除を受けた利益の実質が0円なので、結果的に第二
次納税義務も無しとなったが、そこですら第二納税義務の要件自体は成
立していると判断されていた。

3．少額でも回収したかった貸金業者

　過払金に第二次納税義務とは聞き慣れない事例であったが、資金繰り
に苦しんで貸金業者と取引をしている者が租税を滞納する例は少なくな
いだろう。判決では国税側から貸金業者に債権照会をしたところ、全額
の差押えを恐れた業者が慌てて和解に動いて、正しく計算した過払金の
額より少額で和解し、その差額分の債務免除を受けたとして第二次納税
義務の告知処分を受けた。

203

4．参考裁判例の考え方

　債務免除は和解契約に基づき、滞納者に所定の期限までに解決金20万円を支払うことを条件として、滞納者が有する債権を放棄し、貸金業者が債権に係る債務の免除を受けるというものであるから、契約による債務の免除として、国税徴収法39条1項所定の「債務の免除」に該当する。

　和解契約及びこれに基づく債務免除に至る経緯に照らし、債務免除が、実質的に対価性を有するものであるとは認められないし、和解契約締結日ないし解決金支払日の時点において、債務免除に係る債権が、客観的にみて実質において無価値であったことを認めるに足りる証拠もなく、債務免除により消滅した債権に係る経済的利益がなお滞納者に帰属しているものとして、貸金業者に対して納税義務を課すことがかえって公平を失することとなるような特段の事情が存するものとも認められない。

　貸金業者は滞納者とは交渉がなかったところ、税務署長から取引についての照会を受けるや、直ちに滞納者に連絡を取り、その時点で生じていた具体的な過払金等の額を伝えることなく和解契約を締結することを持ち掛け、協議が整った後、和解契約書を滞納者に発送するのと同時に照会に対する回答書を送付して取引内容を開示し、その後、滞納者から署名押印のある和解契約書の返送を受けた後、速やかに解決金を支払い、これにより、解決金の額を大きく上回る110万円近い過払金債務の免除を受けたことが認められる、このような経緯に照らせば、貸金業者は、滞納者の滞納国税に係る滞納処分として、過払金債権が差し押さえられ、その全額が取り立てられることを回避する目的で、和解契約を締結するに至ったことがうかがわれる。

立証のポイント・注意点

　納税証明の提出は一つの手段だが免除者が滞納者でないことを受益者側が確認するのは現実には難しい、第二次納税義務のリスク込みで経営判断をすることになる。

補　足

　裁判によらない和解等の合意で、債務免除を受ける時は、第二次納税義務を負う可能性がある。先方が滞納者であるか否かは一見ではわからない。双方の利となる和解案に真摯に対応するしかないのが現実である。

参考裁判例

東京地判令和4年5月17日：TAINS・Z272－202213

　　　　　　　　　　　　　　　　　　　　　　　　（小野木　賢司）

45 重加算税の賦課 ―コンサルタント業務契約と仮装行為の接点―

CASE

　　私が代表取締役を務める会社は、土木建築工事の設計施工管理等を目的とする会社です。ある不動産ブローカーにＡ社を紹介してもらい、２件のマンション建設工事の請負契約を締結することとなりました。同契約締結のため、第三者であるＢ社及びＣ社との間で、建築工事請負に関するコンサルタント業務契約を締結し、合計約7,500万円の小切手を振り出しました。不動産ブローカーが、Ｂ社及びＣ社の代理人としてコンサルタント料を受け取ると申し出たため、現金でコンサルタント料を渡し、両社の社名が記載された領収証を受け取りました。

　　その後、コンサルタント料として支払った金額を、対応する建設工事の完成工事原価として損金に算入したところ、処分行政庁により否認されたうえ、隠蔽又は仮装に基づく過少申告をしたとして、過少申告加算税及び重加算税の各賦課決定処分を受けました。このような処分は適法でしょうか。

=== ここが分かれ目 ～判断のポイント～ ===

　国税通則法68条１項にいう事実の隠蔽又は仮装に該当するかは、法人が実際にＢ社及びＣ社とコンサルタント業務契約を締結したといえるか否かが判断のポイントとなる。

A

　　支出先ないし相手方は、金員の支出についての使途の明確性やその業務関連性を判断するうえで重要な事実です。不動産ブローカーが代理権を有しているかの確認や支払った金員についての把握を怠り、領収書の作成名義人２社が実際には金員を受け取っていないな

第5章　国税徴収法・国税通則法・税理士法 ほか

> どの事実が認定されれば、事実の仮装があったとして、重加算税の
> 賦課は適法であると判断されるでしょう。

解　説

1．税法の考え方

　国税通則法68条1項は、納税者がその国税の税額等の計算の基礎となるべき事実の全部又は一部を隠蔽し、又は仮装し、その隠蔽し、又は仮装したところに基づき納税申告書を提出していたときは、当該納税者に対し、過少申告加算税の額の計算の基礎となるべき税額に100分の35の割合を乗じて計算した金額に相当する重加算税を課すると規定している。

　同規定にいう事実の隠蔽とは、売上除外、証拠書類の廃棄等、課税要件に該当する事実の全部又は一部を隠すことをいい、事実の仮装とは、架空仕入れ・架空計算書の作成、取引上の他人名義の使用等、存在しない課税要件事実が存在するように見せかけるものをいう。

2．類似裁判例

　類似裁判例（東京地判令和3年12月23日・後掲参照）では、原告（工事の設計施工管理等を目的とする株式会社）は、取引の相手方が領収証の名義人であろうと不動産ブローカーであろうと、いずれにせよ原告の仕入原価として損金に該当するし、不動産ブローカーは両社の代理人であると認識していたのであるから、虚偽であると認識しながら、故意に両社にコンサルタント料を支払ったかのように仮装したものでもないから、重加算税の賦課要件を欠くと主張した。

3．事実の仮装にあたるか否か

　裁判所は、以下の事実を認定して、事実の仮装にあたるか否かを判断した。

① 　コンサルタント契約書及び各領収証の形式は、名義や印影それ自体が不自然である

207

② 工事にかかるコンサルタント料についての基本合意の成立が認められない

③ 工事の受注先を紹介した以外に、不動産ブローカーが行った業務が認められない

④ 各金員の一部が不動産ブローカー以外の第三者の手に渡った可能性の有無が証拠から確定できない

　したがって、コンサルタント料の支払先ないし相手方についても不明であるから、コンサルタント料の支出は、その使途を確認することができず、原告の業務との関連性の有無が明らかでないため、損金に算入することができず、架空の契約書及び領収証を基にして確定申告したことは、税額等の計算の基礎となるべき事実を仮装したものと判断した。

4．事実を仮装する意図の有無

　裁判所は、以下の事実を認定して、原告に事実を仮装する意図が存在したかを判断した。

① 企業の経営者として相応の経験を有する甲（原告の代表取締役）が、不動産ブローカーとコンサルタント会社との関係等を問いただすことをしなかった

② 不動産ブローカーの代理権を証する書類等を確認しなかった

③ 契約書の不備や内容の齟齬等を指摘し修正させることも怠った

④ 一見して不体裁な契約書及び領収証をそのまま受領した

　裁判所はこれらの事実から、原告が多額のコンサルタント料の支払いに応じたのは不自然に過ぎるというべきであり、契約書及び領収証が真実のものでなく、架空のものであると認識していたと認めるのが相当であり、事実を仮装する意図があったものと判断した。

第5章　国税徴収法・国税通則法・税理士法 ほか

 立証のポイント・注意点

　重加算税制度の目的は、過少申告加算税よりも重い行政上の制裁を課すことによって、悪質な納税義務違反の発生を防止し、申告納税制度による適正な徴税の実現を確保することにある。
　国税通則法68条1項は、隠蔽仮装行為の主体を納税者としており、参考裁判例において甲は、更正処分を受けた事業年度において代表取締役を辞任していたから、原告の代表権を有していなかったと主張したが、納税者以外の者が隠蔽仮装行為を行った場合であっても、それが納税者本人の行為と同視することができるときには、同項の適用上、法人自身の行為と評価するのが相当であるとしている。
　立証ポイントは次の2点である。
① 　内国法人の所得金額の計算上損金の額に算入することができる支出は、当該法人の業務の遂行上必要と認められるものでなければならない。
② 　コンサルタント料の支払先につき、必要経費としての支出金額、支払年月日、支払先、支払内容等を踏まえた業務との関連性について立証する必要がある。

参考裁判例

東京地判令和3年12月23日：TAINS・Z271－13650

（横井　里保）

46 税理士同士での相談と懲戒処分との接点

CASE

私は税理士ですが、知り合いの税理士からいわゆる脱税ともいえる租税回避策の相談を受けました。納税者ではなく、他の税理士から脱税に関する相談を受けた場合、私自身は申告書を作成せず、他の税理士の判断の下で申告書の作成が行われるのであり、税理士法が禁止する脱税相談には当たらないと考えて相談に応じてしまいましたが、大丈夫でしょうか。

━━ ここが分かれ目 ～判断のポイント～ ━━

税理士法では、不正に租税の賦課・徴収を免れることにつき相談に応じる等税理士の使命に反する行為は禁止されている。それは相手が納税者ではなく、税理士であったとしても同様である。

A

相談相手が納税者ではなく税理士であり、直接脱税となる申告書類を作成しなかったとしても、脱税を肯定する回答は税理士法36条違反となり、処分の対象となりえます。

解　説

1．税理士法と懲戒処分

税理士は、税務に関する専門家として、独立した公正な立場において、申告納税制度の理念に沿って、納税義務者の信頼に応え、租税に関する法令に規定された納税義務の適正な実現を図ることを使命とする立場にある。そのため、税理士が不正に租税の賦課・徴収を免れることにつき相談に応じる等、税理士の使命に反する行為に及ぶことは禁止されているし、これに違反した者は1年以内の税理士業務の停止又は税理士

210

業務の禁止の処分という重い懲戒処分又は刑事罰が科されることとなる。

税理士法は、相談相手を納税者に限定して脱税相談を禁止しているわけではなく、税理士同士での話だとしても脱税を肯定するような相談やアドバイス等は税理士法に違反することになる。その相談が具体的な内容にまで踏み込んでいる場合、税理士同士の話であったとしても、税理士業務の禁止という最も重い処分もあり得る。

２．参考事例の概要

類似した事例として、大阪高裁令和３年12月２日判決がある。

類似事例の事実関係はおおむね図表５－１のとおりである。原告税理士は、相続税対策としてＢのＣ法人に対する貸付金の債権放棄通知書を作成していた。そして、Ｂの死後、Ｃ顧問税理士よりＣに納税資金が無いと相談を受け、債権放棄額の減額を提案し、債権放棄通知書を作成し直した。その結果、債権放棄の減額を提案し死後に書類を作り替える等悪質であるとの認定も受け、税理士業務の禁止の処分は過度に重い処分ということはできない、とされている。

図表５－１

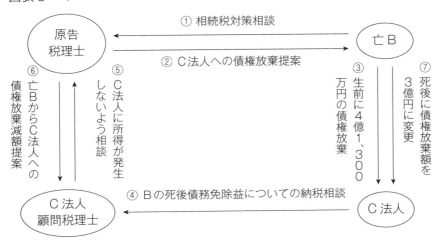

3. 参考事例における裁判所の判断

　原告は、納税者Aの依頼を受けて亡納税者父Bの相続対策を引き受けて、その一環として、債権放棄通知書のデータファイルを作成してその印刷したものをAに交付し、亡Bにその内容を確認させて押印させたのであるから、これにより亡BのC法人に対する貸付金債権のうち4億1,300万円について債務免除の法的効果が生じていたにもかかわらず、Bの死後、D顧問税理士から、Cは納税するための資金がないので、課税所得が生じないようにしてほしいと依頼を受けたことに対し、亡BのCに対する債務免除の額を3億円に変更することを提案したというのである。原告の上記行為は、Cが法人税の納税義務を免れるための相談を受けたのに対し、亡BがCに対して生前にしていた債務免除額を減額させ、Cの債務免除益を減額させることを装い、Cが法人税の納税義務を免れることを提案したものといえる。そうすると、原告は、Cが法人税の賦課を免れる具体的方法についての相談相手となり、肯定的な回答をしたといえる。

　したがって、原告の上記行為は、税理士法36条の「不正に国税若しくは地方税の賦課若しくは徴収を免れ、又は不正に国税若しくは地方税の還付を受けることにつき、……相談に応じ」に当たる。

　税理士法36条は、その文理上、「相談」の相手方について特に限定を設けていないうえ、税理士が直接の依頼者ではない者や他の税理士から脱税に関する相談を受ける場合であっても、相談の内容が一般的なものにとどまらず、同条が禁止する相談に至った場合、すなわち、税の逋脱の具体的方法について相談相手となり、肯定的な回答をする行為に至った場合には、当該行為は上記の税理士の使命に反する行為であり、当該税理士は税理士として不適格であるというべきである。これらのことからすると、同条は「相談」の相手方を納税義務を負う依頼者に限定していると解することはできないし、また、同条の「相談」の相手方には他の税理士を含まないと解することはできない。

立証のポイント・注意点

① 結果として参考事例で脱税したのはＣ法人であり、原告はその法人税申告には関与していない。しかし、法人税の賦課を免れる方法についての相談相手となり、具体的な方法を提案した点に裁判所は注目した。その結果税理士法36条に違反すると判断されている。

② ただし、具体的でさえなければ許されるとされたわけでは当然ない。税理士の専門家としての使命を再確認するべきであり、脱税相談は相手を問わず、たとえ相談相手が税理士であったとしても決して受けてはならない。

参考裁判例

大阪地判令和3年5月27日：TAINS・Z999-2173
大阪高判令和3年12月2日：TAINS・Z999-2176

（髙木　良昌）

47 税務調査受任義務の範囲 —帳簿の不提示と税理士の善管注意義務の接点—

CASE

弊社は決済手段として主に現金を取り扱う商売であるため、顧問税理士からは業務の性質上、事前通知が行われず、税務署が調査に立ち入る可能性がある旨の指摘を受けました。また、その際の対応として、顧問税理士への連絡を速やかに行い、そのうえで、別の日に改めて臨場してもらうよう調査官に伝えるように言われました。弊社は日頃から帳簿等も揃えており、現金も毎日合わせています。見られて困るような内容はありませんが、そのような対応で問題無いのでしょうか。

ここが分かれ目 ～判断のポイント～

税務調査には任意調査と強制調査があるが、一般的に行われる税務調査は任意調査に該当する。もちろん、任意といってもいわゆる間接的な強制力を伴うため、納税者との間でその点に関する共通認識を持つことが必要である。

A

税務調査については、基本的に受任義務が課されているため、特別な事情が無い限り事前通知が無い場合であっても調査を受ける必要があります。もちろん、調査そのものは事前に通知を受けることが大半ですが、中には現金を取り扱う商売のように、予め通知をすることで実体が解らない等の理由から、一部、事前通知をせずに税務調査が行われる場合もあります。しかし、強制調査ではなく任意調査の場合で、納税者の側に特別の事情があり、その日その場で調査を受けることができない場合は、その旨、臨場した調査官に伝えたうえで、後日、改めて調査を受ける等の対応は可能かと思います。もちろん、納税者の側に特別の事情が無い場合は、可能な範囲

214

第5章　国税徴収法・国税通則法・税理士法 ほか

で税務調査を受けることが望ましいように思われます。

解　説

1．税法における考え方

　一般的に、法人等に実施される税務調査の法的根拠は、国税通則法74条の2に規定されており、調査について必要があるときは、納税者に対し質問し、事業に関する帳簿書類等の提示もしくは提出を求めることができるとされている。そのため、法人の代表者等は税務調査の際に、質問について回答する必要があり、求めに応じ帳簿書類等も提示する必要がある。

　しかし、事前通知が無い場合は特に、その日その場で質問について回答できない場合や、帳簿書類等も全て揃っていない事態も想定されるため、後日、改めて回答を行ったり、不備のあった書類等の提示を行う必要がある。もちろん、きちんとした回答や書類等の提示を行わなかった場合、最終的に青色申告の承認取消しや、消費税の課税事業者で一般（原則）課税を選択している場合は、消費税の仕入税額控除の否認を受け、各種加算税の賦課決定処分も受ける可能性が想定される。

2．類似する参考事例

　本CASEの内容に類似した事例として、千葉地裁令和3年12月24日判決がある。

　遊技場を経営する納税者に対し、国税局の調査担当者（以下「課税庁」とする。）は事前通知を行わず税務調査のため臨場した。これに対し、納税者の顧問税理士等（税務代理権限証書の提出を行った弁護士らを含む。）は、事前通知がなく調査が開始されたことについての違法性を主張し、課税庁より幾度となく調査に応じるよう要請があったにもかかわらず、結果として調査に応じなかった。そのため、課税庁は、帳簿等の提示の求めに応じなかったとして、消費税の仕入税額控除の否認や青色

215

申告の承認取消処分を行い、約38億2,500万円を超える追徴課税を行った。これを受け、納税者は顧問税理士に対し、こうした損害は、顧問税理士が税務調査の臨場を頑なに拒否し、帳簿等を提示しなかったことによるものであり、善管注意義務違反、指導助言義務違反及び忠実義務違反があったと主張し、損害の一部と弁護士費用の合計約3億2,000万円の損害賠償請求を求めた事例である。

　これに対し裁判所は、顧問税理士が事前通知を行うことなく開始された税務調査の違法性を主張し、最後まで調査を拒否するとした方針に拘泥したため、納税者が帳簿書類を提示し調査を受ける機会を失ったと認めた。また、調査の違法性を主張し、調査に応じることを拒否するという方針は、顧問税理士が主導したものであると認めるのが相当であるとして、納税者からの損害賠償請求を認容した。

３．類似する参考事例の考え方

　本事例においては、度重なる税務調査への協力要請を拒否し、納税者の本店所在地を移動させるなど、税理士側の対応に問題が無かったとは言い切れない。その結果、納税者が被った追徴課税は、調査対応の不備の結果であるとする判断を下した裁判所の判断は重く受け止めなければならない。

４．その他の注意点

　最近では、税務調査を10年以上受けたことの無い関与先も珍しくなくなってきている。その理由の一つは、コロナ禍において税務調査の実施件数が減少していたことも幾分影響しているように思われる。そのため、通常の税務調査はもちろん、特に事前通知の無い税務調査が実施された際の対応について、税理士と関与先との間での打合せが不足しているように思われる。今一度、関与先との間で税務調査が実施された際の対応方法や、帳簿書類等の保管状況の確認を取っておくことが重要である。

立証のポイント・注意点

① 事前通知の有無に限らず、税務調査は間接強制を伴うものであり、原則として調査そのものを拒否することはできないため、調査が実施される際に提示が必要な書類を日頃から整理し保管しておくことが求められる。
② 事前通知のない調査が実施された際には、調査官に対し調査対象年度や対象税目の確認を行ったうえで、調査を受けることが望ましい。
③ 事前通知のない調査が実施された場合であっても、状況次第ではその場で必要最小限の実地確認のみを行い、税務調査そのものは後日改めて行う場合もあるため、商売の状況により調査対応が異なる点について、顧客との間で日頃より理解を深めておくことが必要である。

補　足

　税理士事務所内において調査対応マニュアルの作成や、関与先で保管が必要な帳簿書類や証憑等が何年残っているかなど、業務の閑散期にチェックしておくことで、不意な税務調査への対応も取りやすくなるばかりか、顧客との信頼関係の構築に役立つことは言うまでも無い。

参考裁判例

千葉地判令和3年12月24日：TAINS・Z999－0179

（四方田　彰）

48 領収書の印紙 ―課税・非課税の接点―

CASE

　私は、医療生協組合が経営する病院で事務員をしています。以前に働いていた医療法人では人間ドックの領収書に印紙を貼ったことは無かったのですが、生協病院では印紙を貼る時と貼らない時があり、同じ領収書なのに不思議だなぁ…と思っていました。どういう違いがあるのでしょうか。

ここが分かれ目 ～判断のポイント～

　国税庁の簡単な印紙税額の一覧表は省略されている箇所があるので、税理士のアドバイスとして課非判断を行うのであれば、e-Govに記載の印紙税法の別表を参照することが必要である。17号の1文書のうち非課税と取り扱われる文書の2の規定によると、営業に関しない受取書の「営業」に関して、カッコ書部分で補足しており、会社以外の法人（会社法適用法人や個人がそもそも除かれる。）で、法令の規定又は定款の定めにより利益金又は剰余金の配当又は分配をすることができる法人が、その出資者以外の者に対して行う事業は「営業」とされるので課税文書となり、出資者がその出資をした法人に対して行う事業は「営業」に該当しないので非課税となる。よって、法令、定款の記載事項が分配可能なのか、分配禁止なのかを確認して判断することが必要である。公益目的の法人や医療法人の場合には、分配禁止規定のはずなので印紙税法上の「営業」には該当せず、金銭の受取書に印紙を貼る必要は無い。

A

　組合に出資している正組合員とその家族に対して行った、入院代や人間ドックの領収書は「営業」の受取書（17号の1文書）には該当しないので、印紙は不要です。その一方で、組合員以外の方に

218

第５章　国税徴収法・国税通則法・税理士法 ほか

発行した領収書は「営業」の受取書に該当するので、印紙を貼る必要があります。家族組合員は出資者そのものではありませんが、利用時において組合員と同様に取り扱われる（生協法12②）場合には「営業」には当たらないという判断をして良いでしょう。

解　説

１．税法の考え方

　印紙税においては、同じ文書が事業者によって、印紙税法上の営業に該当して課税文書と取り扱われることもあれば、営業に該当せず非課税文書として取り扱われることもある。

　文書作成者の事業主体がいかなる組織によって運営されているかの違いによるものだが、それは事業者の設立根拠法の違いでもある。

２．医療事業者とは

　日本で医療関連の事業を行っているのは、国や市町村、日赤等の公的医療機関、社会保険関係団体、公益法人、学校法人や宗教法人、医療法人、個人の医師等などがあるが、設立根拠法もそれぞれ異にしている。前述の医療法人より前に記述した大きな病院組織は公益を目的としており、もとより分配や配当などは法令により禁止されている。昭和25年の医療法改正前に設立された、株式会社組織の病院、一般に企業内病院と呼ばれる病院や生協法に基づく医療生協病院の中には、昔の定款条項が残っていて、出資配当金や利用者分配金を出せることになっている事業者も存在している。株式会社組織の病院はここ数十年では、旧三公社五現業の民営化に伴い株式会社とされたJR病院などの例外があるが、基本的に新規設立はあり得ない。今後、医療系の金銭の受取書を課税文書として取り扱う事業者は少なくなるであろう。

３．参考判決事例

　印紙税法では「営業に関しない受取書」について非課税とする一方

219

で、括弧書きにおいて「会社以外の法人で、法令の規定又は定款の定めにより利益金又は剰余金の配当又は分配をすることができることとなっているものが、その『出資者』以外の者に対して行う事業」については「営業」に含まれるものと規定し、課税文書としている。

会社以外の法人については、まずは利益金又は剰余金の配当又は分配の可否によって「営業」に該当するか否かが区分される。法令の規定又は定款の定めにより利益金又は剰余金の配当又は分配をすることが「できない」こととなっている法人の事業は、営利性のあるものであっても「営業」に該当しないことに対し、利益金又は剰余金の配当又は分配をすることが「できる」こととなっている法人については、「出資者」以外の者に対して行う事業（行為）であれば、営利性のないものであっても、印紙税法上の「営業」に該当することになる。

組合員と同一の世帯に属する者は、組合の事業の利用については、これを組合員とみなす（生協法12②）と規定している。一般に、法令の用例上「みなす」旨の規定は、法律上の推定と異なりその反証を許さないものであるから、組合の事業の利用に関しては、家族組合員は、同項が適用され、「組合員」そのものとして法的に取り扱われることとなる。

家族組合員に作成・交付された各領収書に関しても「組合員」とみなされ、印紙税法上の「出資者」に該当する。

立証のポイント・注意点

① 詳細な最新別表

印紙税法の課税、非課税の判断に関しては、e-Gov等の詳細な最新別表を参照することが必要である。

② 設立根拠法による判断

定款を参照するのはもちろんであるが、会社以外の法人は設立根拠法による趣旨で決定される。

第5章　国税徴収法・国税通則法・税理士法 ほか

③　税理士法人の受取書

　税理士法人の顧問料の受取書は、税理士法人の定款に配当を行わない旨を定めていても、税理士法48条の21第1項が会社法621条を準用するとしているので、法令の規定により利益配当を分配できるものに該当するので、17号の1文書に該当し、課税文書となる。

補　足

　金銭の受取書に関して営利法人は課税、非営利法人は非課税とその立ち位置は180度異なる。CASEのような中間法人における印紙の取扱いは、法令、定款の規定を参考にするべきである。括弧書き内の「出資者」の範囲についても、文理解釈ではなく、法人の根拠法の取扱いを斟酌して判断することが必要である。

参考裁判例

東京地判令和5年3月8日：TAINS・Z999 − 7226
東京高判令和5年10月18日：TAINS・Z999 − 7228
最決令和6年5月15日（棄却・不受理）：TAINS・Z999 − 7230

（小野木　賢司）

49 不動産取得税における宅地の評価 ―共有物の分割と持分超過部分の接点―

CASE

私と弟は、母からの遺贈により、全体が駐車場として利用されている土地を持分各2分の1で取得しました。その後、当該土地を土地①及び②に分筆する登記をしたうえ、土地①については私が、土地②については弟がそれぞれ単独で所有することになりました（各土地の登記上の地積は、財産評価基本通達を参考にして、土地①と土地②が同じ価格になるように分筆したため、土地①の方が約50㎡広くなっています。）。

後日、県税事務所長から、土地①が取得時において固定資産課税台帳に価格が登録されていない不動産であったことから、固定資産評価基準により価格を算定すると、分筆前土地の価格の2分の1相当額を超えているため、不動産取得税の非課税規定の対象外となる持分超過部分の取得が含まれ、不動産取得税が課税されると指摘されました。そのような取扱いで問題ないでしょうか。

ここが分かれ目 ～判断のポイント～

共有物の分割によって不動産を取得した場合、当該不動産の取得者の分割前の当該共有物に係る持分の割合を超える部分について不動産取得税が課される。当該不動産についての持分超過部分の有無に注意を払う必要がある。

A

土地全体が駐車場として利用されていることから、2筆に分筆されていても一画地として認定される可能性があります。そのため、画地計算法を適用して算出された画地全体の評点数又は価格を、各筆の宅地の地積比に従ってあん分するため、地積が2分の1を超え

第5章　国税徴収法・国税通則法・税理士法 ほか

ている土地①について、その超過部分に不動産取得税が課されることになります。

解　説

1．非課税規定の趣旨

　不動産取得税は、不動産の取得に対し、当該不動産の取得者に課されるものであるところ（地法73の2①）、共有物の分割による不動産の取得に対しては、当該不動産の取得者の分割前の当該共有物に係る持分の割合を超える部分の取得を除き、不動産取得税を課することができないと規定している（地法73の7二の三、以下「非課税規定」という。）。

　非課税規定の趣旨は、分割前の当該共有物に係る持分の割合の範囲を超えて不動産を取得した場合には、当該持分の割合を超える部分の取得は、新たに不動産を取得するものであり、担税力の存在を推定することができることから、当該部分の取得については、「不動産の取得」として不動産取得税の課税対象とするものであると解されている（大阪地判平成30年1月24日・後掲参照）。

2．不動産の価格

　不動産取得税の課税標準は、不動産を取得したときにおける不動産の価格であり、不動産の価格とは適正な時価をいう（地法73五）。不動産の価格は、固定資産税の課税標準である土地又は家屋の価格と同様に、正常な条件の下に成立する当該不動産の取得時におけるその取引価格（客観的交換価値）であると解されている。

　都道府県知事は、固定資産課税台帳に固定資産の価格が登録されていない不動産については、固定資産評価基準によって、当該不動産にかかる不動産取得税の課税標準となるべき価格を決定するものと規定している（地法73の21②）。

　固定資産評価基準は、主として市街地的形態を形成する地域における

223

宅地については、市街地宅地評価法によって各筆の宅地について評点数を付設し、これを評点1点当たりの価額に応じて、各筆の宅地の価額を求めるものとしている。市街地宅地評価法に適用される画地計算法によると、各筆の宅地の評点数は、各筆の宅地の立地条件に基づき、路線価を基礎とし、奥行価格補正割合法等の所定の画地計算法を適用して求めた評点数によって付設するものとしている（固定資産評価基準別表第3の1）。

CASEで問題となるのは、不動産取得税の対象となる持分超過部分の有無及び額であるが、その判断基準について、法は定めを置いていない。

3．類似裁判例

CASEと類似の事例として、最高裁令和2年3月19日判決（後掲参照）がある。持分超過部分の有無の判定は、不動産の「適正な時価」の評価方法に左右されるといえるが、同判決は、隣接する2筆以上の宅地を一画地として認定して画地計算法を適用する場合に、各筆の宅地の評点数をどのように算出するかについて、最高裁が明示的な判断を下した事例であり、実務上も重要な意義を有する。

納税者は、持分超過部分の有無を判断する基準としての「適正な時価」は財産評価基本通達に従って評価した価格であると主張したが、裁判所は、「適正な時価」は不動産取得税の課税標準となるべき価格であり、固定資産課税台帳に固定資産の価格が登録されていない財産については、固定資産評価基準によって決定される価格であるという解釈を前提として判断を下している。

控訴審（大阪高判平成30年11月15日・後掲参照）では、「一画地を構成する各筆の土地が所有者を異にする場合、各筆の土地はそれぞれ所有者がこれを拠出して一画地を構成しているという関係にあるから、それぞれの土地の価格の割合で案分する方がより公平に適する」として、地積比で各土地の価格を案分すれば、地積の大きい本件土地①について必然的に持分超過部分が生ずるのであるから、他の合理的な計算方法を

224

試みることなく、地積比に従ってあん分計算をして本件土地①の価格を算定したことは違法であると判断した。

一方、最高裁は、「評価基準により隣接する2筆以上の宅地を一画地と認定して画地計算法を適用する場合において、各筆の宅地の評点数は、画地計算法の適用により算出された当該画地の単位地積当たりの評点数に、各筆の宅地の地積を乗ずることによって算出されるものというべき」としたうえで、「本件各土地を一画地として画地計算法を適用して算出した価格に本件土地①と本件各土地との地積比を乗ずることにより、本件土地①の価格を算定したことは、評価基準の定める評価方法に従ったものということができる」として、本件土地①の価格について客観的な交換価値としての適正な時価を上回る違法があるというべき事情があるとはいえないため、原判決を破棄して不動産取得税賦課決定処分は適法であると判断した。

立証のポイント・注意点

① CASEでは、遺贈により取得した土地全体が駐車場として利用されているため、分筆されていても一画地として認定される可能性が高い。

② 固定資産評価基準では、宅地の形状、利用状況等からみて一体をなしていると認められる範囲を一画地と認定するとしているため、共有物の分割の際には、一画地と認定されるか否かについても注意を払う必要がある。

参考裁判例

大阪地判平成30年1月24日：TAINS・Z999－8416
大阪高判平成30年11月15日：TAINS・Z999－8417
最判令和2年3月19日：TAINS・Z999－8418

(横井　里保)

50 | 固定資産税の非課税の範囲 ―山門一体型建物と境内地の接点―

CASE

宗教法人を運営しております。所有する土地のうち、都心部の街路に面している土地上に17階建の建物を新しく建設しました。事業者に貸し出している土地ですが、街路から参拝に来られる方のため、建物の1～3階部分は空洞にして本堂へ通り抜けられるようになっており、この空間の維持管理は宗教法人が行っています。4階の一部は事務所や会議室として宗教法人が使用していますが、それ以外はカフェ等になっており、5階以上はホテルの客室になっています。建物の空洞部分を含めた本堂に至るまでの土地は参道として使用していますから、固定資産税は非課税となるでしょうか。

═══ **ここが分かれ目** ～判断のポイント～ ═══

参道として用いられている部分が「宗教法人が専らその本来の用に供する宗教法人法3条に規定する境内地」に該当するか否かが、判断のポイントとなる。

A

参道として用いられている部分のうち、建物が空洞になっている部分については、借地契約の対象外と認められれば、境内地として固定資産税は非課税となるでしょう。

一方、上空に建物がない部分の土地については、参道として用いられていると同時に不動産賃貸業（収益事業）のためにも恒常的に使用されているので、固定資産税の課税対象になります。

第5章　国税徴収法・国税通則法・税理士法 ほか

解　説
1．税法の考え方
　地方税法348条2項は、「固定資産税は、次に掲げる固定資産に対しては課することができない。ただし、固定資産を有料で借り受けた者がこれを次に掲げる固定資産として使用する場合には、当該固定資産の所有者に課することができる」と定め、同項3号には「宗教法人が専らその本来の用に供する宗教法人法第3条に規定する境内建物及び境内地」と定めている。

2．類似裁判例
　類似の事例では、宗教法人は事業者と借地契約を結び、土地全体について月額1,723万4,800円の賃料を得ていた。借地契約においては、参道として用いる部分については宗教法人が維持管理を行い、事業者は、建物の利用等について、宗教法人の宗教的雰囲気と尊厳とを損なうことが無いよう配慮し、宗教法人の実施する年間行事の継続的な実施や行事運営に配慮・協力すること等が定められていた。

　類似事例は、国内初の山門一体型建物として注目を集めた寺院による訴訟であった。空洞部分は、建物の中央部であり、都心部の幅広い歩道に面した路面部分を含んでおり、最も商業施設の空間としての利用価値が高い空間であることに加え、その容積率面積からしても大きな店舗あるいは多数の店舗の収容が可能な空間であった。

図表5－2

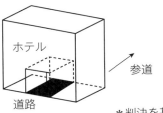

＊判決を基に作成

227

3. 地裁判決

大阪地裁令和4年11月17日判決（後掲参照）では、参道として用いられている土地は、「宗教法人法3条に規定する境内地」には当たるが、「宗教法人が専らその本来の用に供する」とは認められないため、固定資産税の課税対象となると判断した。

すなわち、「地方税法348条2項3号が、固定資産税等を非課税とすべき土地について、『宗教法人法3条に規定する境内地』に当たることに加えて、『宗教法人が専らその本来の用に供する』ものであることを求めていることからすれば、宗教法人法3条3号の『参道として用いられる土地』に当たるとしても、同時に公益事業又はその他の事業に恒常的に用いられているような場合には、原則として、『宗教法人が専らその本来の用に供する』ものとはいえないというべきである」としたうえで、「本件借地契約において、本件上空建物部分と本件空洞部分とを区別することなく、全体として本件事業者に対して賃貸され、本件建物の敷地として使用されていたというべきであるから、本件空洞部分を含む本件建物存在区画の全体が、原告の収益事業である不動産賃貸業のためにも恒常的に利用されていたと認められ、本件空洞部分は『宗教法人が専らその本来の用に供する』ものには当たらないというべきである」と判断した。

4. 高裁判決

納税者は控訴し、建物の空洞部分については非課税とされるべきであると主張した。大阪高裁令和5年6月29日判決（後掲参照）は、「本件借地契約についてみると、本件対象地の上部に本件建物が存在すること、本件対象地を除いた68番5土地（2001.9㎡）の面積だけでは、容積率1000％の土地上に容積率面積が2万0620.45㎡の本件建物を適法に建築することができないことに照らせば、本件対象地を含む68番5土地全体が、本件建物の敷地として本件借地契約により訴外会社に賃貸されていることは明らかである。ただし、これは、平面的にみた場合であっ

第5章　国税徴収法・国税通則法・税理士法 ほか

て、立体的にみた場合には異なる。賃貸されているのは、68番5土地の所有権が及ぶ範囲のうち、本件参道空間を除く部分だけであり、本件参道空間は賃貸されていないということができる」としたうえで、「借地人である訴外会社が本件参道空間の維持管理責任を負わず、かつ、一切の使用収益行為が禁止されていることからすれば、本件参道空間が本件借地契約の対象となっていると認めることは困難であり、本件参道空間は本件賃貸借契約の対象物件から除外されていると認めるのが相当である」として、地裁判決を変更して建物の空洞部分は非課税とされるべきであると判断した。

立証のポイント・注意点

　課税用途と非課税用途の両方の用に供されている場合において、立証ポイントは次の2点がある。
① 事業者が維持管理を行っているか否か。
② 事業者が使用収益できるか否か。

参考裁判例

大阪地判令和4年11月17日：LEX／DB 25595813
大阪高判令和5年6月29日：LEX／DB 25595814

（横井　里保）

■編著者■

四方田 彰　（税理士・愛知学院大学大学院 客員教授）

■著者■

小野木 賢司　（税理士）

髙木 良昌　（税理士・東京都立大学大学院 非常勤講師）

谷口 智紀　（専修大学法学部 教授）

角田 敬子　（税理士）

茂垣 志乙里　（税理士・専修大学大学院 非常勤講師）

山本 直毅　（大阪経済大学経営学部 専任講師）

横井 里保　（島根大学法文学部 専任講師）

是否認はここで分かれる！　税務調査の立証方法

令和 6 年 11 月 26 日　第 1 刷発行

編 著 者　　四方田 彰

著　　者　　小野木 賢司・髙木 良昌・谷口 智紀・
　　　　　　角田 敬子・茂垣 志乙里・山本 直毅・
　　　　　　横井 里保

発　　行　　株式会社 ぎょうせい

〒 136-8575　東京都江東区新木場 1-18-11
URL：https://gyosei.jp
フリーコール　0120-953-431

ぎょうせい　お問い合わせ　検索　https://gyosei.jp/inquiry/

〈検印省略〉

印刷　ぎょうせいデジタル株式会社　　　　　©2024　Printed in Japan
＊乱丁・落丁本はお取り替えいたします。

ISBN978-4-324-11468-1
(5108972-00-000)
［略号：税務調査立証］